SOLEIL 004

戎光祥選書ソレイユ004

中世の阿蘇社と阿蘇氏

謎多き大宮司一族

柳田快明
yanagida yoshiaki

戎光祥出版

はしがき

平成二十八年（二〇一六）四月十四日・十六日の二度にわたって起きた熊本地震は、阿蘇地方一帯にも大きな被害をもたらした。とくに、十六日の地震による阿蘇大橋の崩落で犠牲になった大学生のことを記憶されている方も多いだろう。

阿蘇神社は、阿蘇市一の宮町宮地《みやじ》に所在する。南北二五キロメートル、東西一八キロメートルという楕円形をした、日本最大級のカルデラ、通称阿蘇谷《あそだに》のなかにあり、社殿から東に噴煙をあげる中岳《なかだけ》（標高一五〇六メートル）など阿蘇五岳を望む。現在は、地震で被害を受けた楼門や拝殿などの修理工事が進められている。崩落した阿蘇大橋は南方にあった。

本書で扱う阿蘇社とは、中世には下宮《げぐら》と呼ばれた現在の阿蘇神社と、阿蘇山上にあった上宮《じょうぐう》が中心となる。また、阿蘇神社近くの一の宮町手野《てのの》には国造《こくぞう》神社（北宮《きたみや》）があり、造営年代はこの上宮と国造神社のほうが古い。

阿蘇の山々は、『隋書《ずいしょ》』（七世紀成立）にも記されている。古くから、神社は雄大な山並みと豊かな自然に抱かれた存在だが、中世末期に大宮司阿蘇氏は豊臣政権によって一度完全に滅ぼされ、近世になって神職として復活した。そのため、中世の祭礼や信仰は、現在とはおおきく異なっていた。本書では、大宮司阿蘇氏滅亡前の、中世の大宮司の足跡に焦点を当てながら、阿蘇社の動きについてみていきたい。

一般的に、大宮司は境内あるいはその近傍に館を構えて、日常の祭礼や神社行政、社領経営に関与するというイメージがあるが、中世の阿蘇大宮司の場合は、これとは異なった様相を示す。すでに指摘されているように、大宮司は阿蘇社から遠く離れた場所に居館を構え、年間の祭祀には原則として関与・出席することはなかった。これが、阿蘇大宮司の最大の特徴といえる。しかも、大宮司の居館は阿蘇谷から南郷谷《なんごうだに》、そして益城郡矢部《やべ》（上益城郡山都町）と、時代を降るとともに、阿蘇社からますます遠ざかっていくのである。

昭和四十八年（一九七三）十月から、熊本県立矢部高等学校（山都町字城平《じょうひら》）の校舎全面改築工事にともない、発掘調査がおこなわれた。校地が、「浜の館」という室町・戦国期の阿蘇大宮司館の伝承地だったからである。発掘によって、館の存在を決定づける金の延べ板や華南三彩鳥型水注《かなんさんさいとりがたみずさし》二対、緑釉《りょくゆう》水注一対、緑釉陰刻牡丹《いんこくぼたん》水注一対などが出土し、新聞などでも大々的に報じられた（桑原一九七七）。

「浜の館」の近くには、詰めの城として岩尾城《いわお》（字城原。標高四八二メートル。比高約三〇メートル）がある。戦時の城と日常の政務生活の場である館の関係を、これほど目の当たりにできる事例もあまりないだろう。岩尾城を囲むように流れる五老ヶ滝川《ごろうがたき》（轟川《とどろ》）には、安政元年（一八五四）に水道橋である通潤橋《つうじゅんきょう》が架設され、国の重要文化財として保存されている（現在は修復工事中）。

「浜の館」は、現在の道路でいえば、熊本市の中心部から約四〇キロメートルの所に位置する。阿蘇神社から阿蘇の最高峰高岳《たかだけ》（標高一五六二メートル）、そして駒返峠《こまがえし》（標高一〇六〇メートル）と館を単純に結んだ直線距離で計測しても、これに近い距離になる。こうした阿蘇社と大宮司拠点の隔たりは、阿蘇氏勢力の拡大過程の現れだったが、同時に、大宮司と阿蘇社の神事・祭礼との関係はますます希薄になっていった。交通手段や情報収集・伝達手段が未発達な当時、それでも大宮司が最高権力者としてあり続けることができたのはなぜだろうか。

これは大変に難しい課題だが、このことを意識しながら、先学の仕事を基礎に、中世の阿蘇大宮司一族、その五〇〇年の歴史に焦点をあてて足跡をたどってみたい。

二〇一八年十二月

柳田快明

目次

第二部　大宮司家の分裂と南北朝内乱

第三部　動乱の戦国時代と阿蘇

凡　例

一、これからの叙述では、古代・中世は阿蘇社、近世は阿蘇宮、慶応四年（明治元、一八六八）の神仏判然（分離）令以降の近現代は阿蘇神社と、当時の表記に従う。また、史料については、『大日本古文書　家わけ第十三　阿蘇文書』が中心となるが、煩雑さを避けるために、主要な史料については次のように略記する（○○は文書あるいは写番号。阿蘇文書は番号のみ記す）。引用にあたっては、本書の性格に鑑み、一部を除いて意訳したことをお断りしておきたい。

『大日本古文書　家わけ第十三　阿蘇文書之一』→神社○○／阿○○
『大日本古文書　家わけ第十三　阿蘇文書之二』→写第○○
『大日本古文書　家わけ第十三　阿蘇文書之三』→西巌殿寺文書→西○○／満願寺文書→満○○
『大日本古文書　家わけ第十三　相良文書之一』→相○○
『鎌倉遺文』→『鎌倉』○○　『南北朝遺文』九州編第一巻〜第七巻→『南北朝』○○
『八代日記』→『八代』　『上井覚兼日記』→『上井』

一、地名などについては、『歴史地名大系44　熊本県の地名』（平凡社、一九八五年）、『角川日本地名大辞典43　熊本県』（一九八七年）に準拠した。北朝・南朝年号について、史料の表記は原文書の通りにしたが、それ以外は北朝年号・南朝年号（西暦年）と表記した。

第一部　阿蘇社の成立と躍動する大宮司

第一章　中世の阿蘇社と阿蘇大宮司の成り立ち

阿蘇の神々と阿蘇社の成立

阿蘇社は、南北二五キロメートル、東西一八キロメートルという楕円形をした、日本最大級のカルデラのなかに位置する。一般に阿蘇神社と呼ばれるものは、中世における下宮《げぐう》で、造営年代からみると、阿蘇山上の上宮《じょうぐう》や手野《ての》に鎮座する国造《こくぞう》神社（阿蘇社の北に位置することから北宮《きたみや》）のほうが古い。阿蘇社は、上宮と国造神社とを結ぶ、いわゆる「聖なるライン」上に造営された（図1）。つまり、現在、阿蘇信仰の中核としてもっとも著名な阿蘇神社は、一番新しく造営された社だといえる。

中世の下宮（阿蘇社）のありようは、近世以降の阿蘇宮や現在の阿蘇神社とはまったく異なっていた。阿蘇社を統括し、阿蘇郡最大の権力者だった大宮司《だいぐうじ》惟光《これみつ》は、文禄元年（一五九二）六月に起きた梅北《うめきた》の乱への関与を疑われ、豊臣秀吉《とよとみひでよし》により自害を余儀なくされた。これにより、阿蘇氏は一度完全に滅び、家臣団や社家《しゃけ》たちも離散してしまう。今日の阿蘇神社の原型は、慶長六年（一六〇一）に加藤清正《かとうきよまさ》が阿蘇宮神主としての阿蘇惟善《これよし》（惟光の弟）の地位を安堵《あんど》したことで成り立っている。祭礼についても、中世から連続するものもあるが、性格は大きく異なっている。

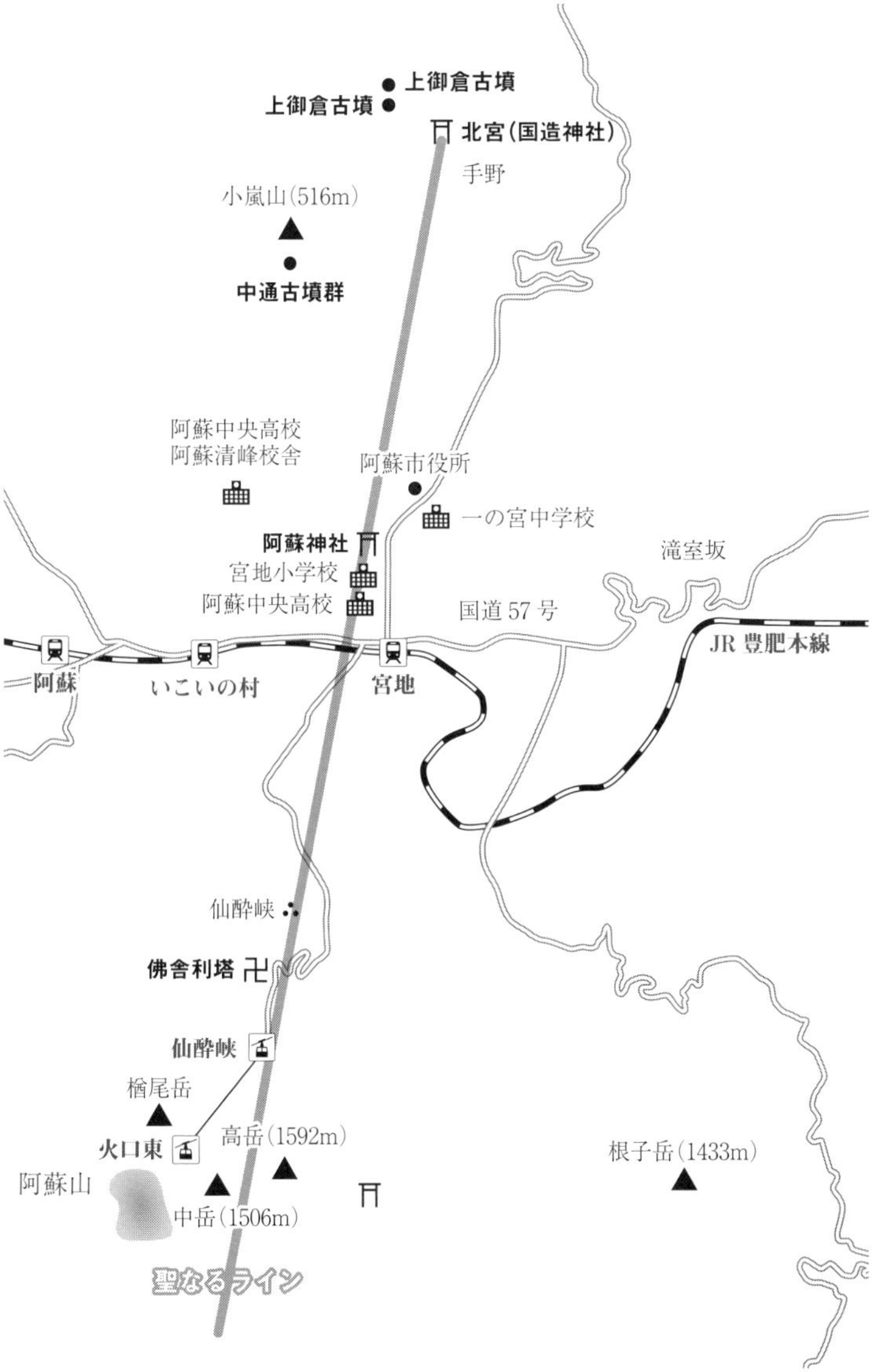

図１　「聖なるライン」『阿蘇神社』（学生社、2007 年）掲載図をもとに作成

まずは、阿蘇地域の開発や信仰、阿蘇社や阿蘇氏が成立する過程と基礎的な事項について、先行研究の成果を参考に、必要な事柄をまとめておきたい。

古代の肥後国において、阿蘇社は国家的に重要な存在だった。『延喜式《えんぎしき》』巻十（神祇十神名下）によると、肥後国四座《しざ》は、阿蘇郡の健磐龍命《たけいわたつのみこと》（名神社）・阿蘇比咩《あそひめ》・国造の三社と玉名《たまな》郡の疋野《ひきの》神社（玉名市立願寺《りゅうがんじ》）で、一般に式内社《しきないしゃ》と呼ばれる。『延喜式』には健磐龍命神社が大で、ほかの三座は小と記されている。

中世の阿蘇社では、阿蘇十二神といわれる健磐龍命を中心とした十二の神々が祀られていたが、『延喜式』所載の三神が本来中核となる神々であった。十二神の系譜は、長い時間をかけて人為的に形成されたものである。それは、それぞれの神々の末裔が大宮司家をはじめ、その他の諸家の祖先神になるように編成されていることからもわかる。

阿蘇の神々の原形は、阿蘇火山を取り巻く広い地域での火山神信仰と、阿蘇の開拓に関わった人々の祖先神が合体して生まれた。阿蘇品保夫氏は、とりわけ『日本書紀《にほんしょき》』が記す景行《けいこう》天皇の巡行説話に登場する阿蘇都彦《あそつひこ》・阿蘇都媛《あそつひめ》の二神を重視する（阿蘇品一九九九）。

『日本書紀』によると、景行天皇から、「この地に人はいないのか」と呼びかけられたときに応答したのは、阿蘇都彦・阿蘇都媛の二神だった。二神は、阿蘇地域の生産や生活といった先住権を主張する土地の神で、阿蘇谷の開発の神、地域住人の祖先神でもあったといわれている。これを体現したのが国造神だが、こちらも健磐龍命（一宮）を中心とする十二神に組み込まれていった。十二神の細部については、研究者によって若干の違いがあるが、阿蘇品氏作成の阿蘇十二神系図（系図1）を掲げることにする。本書の中心となる大宮司家は、健磐龍命の孫、速瓶玉命《はやみかたまのみこと》（十一宮）の子である惟《これ》人命《ひとのみこと》（五宮）と若比咩神《わかひめがみ》（六宮）の間の子孫とされている。

　健磐龍命の史料的初見は、九世紀前半、平安京遷都から約三十年後の弘仁十四年（八二三）十月で、「従四位下勲五等」という神位と封戸《ふこ》を与えられていた（『日本紀略《にほんきりゃく》』）。健磐龍命は、承和五年（八三八）三月、阿蘇社が遣唐使《けんとうし》の安全祈願を託されたのを機に、神位が急速に上昇する。同七年に従四位上から従三位となり、同十年にはその地位を永久保障された。

　さらに、嘉承三年（八五〇）に正三位、翌仁寿元年（八五一）に従二位、貞観六年（八六四）に

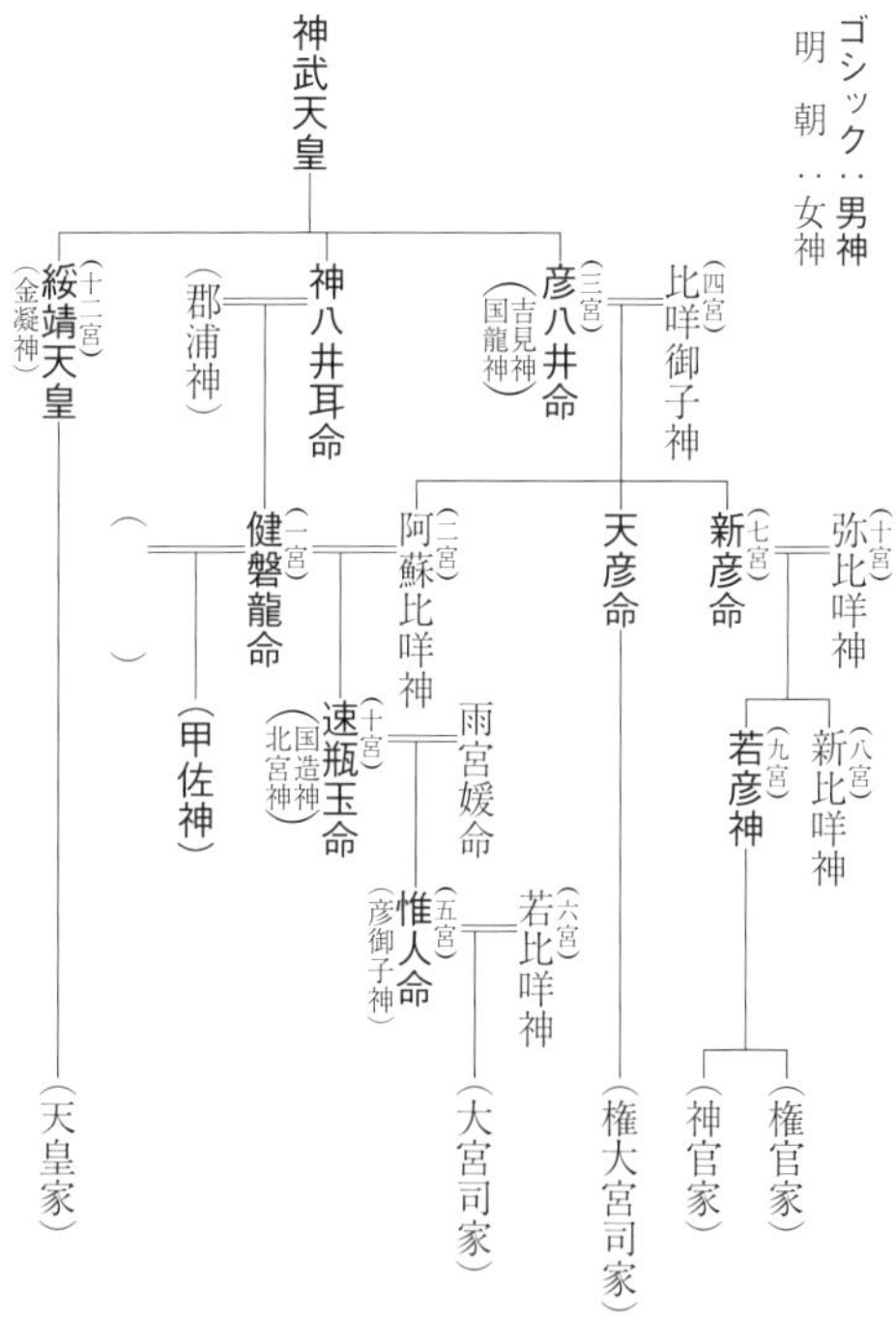

系図1　阿蘇十二神系図　『阿蘇神社』（学生社、2007年）掲載図をもとに作成。原図作成・阿蘇品保夫氏

は正二位へと出世する。この間の仁寿二年に、妃神の阿蘇比咩神は従四位下に列せられ、その後、神位が急速に上昇して貞観十七年には従三位になった。一方、国造神は、比咩神よりも十二年早い承和十四年に「官社」になっているが、神階のことはみえない。大山喬平氏は、「阿蘇の神々が成立してくる歴史的経過はなかなかに複雑でわかりにくいというのが実感である」と述べている（大山二〇一二）。

一方、健磐龍命神と阿蘇比咩神の関係について、阿蘇品氏は興味深い所説を展開する。現在、阿蘇高岳の神は阿蘇比咩と理解されており、高岳という名称が示すように、一〇数メートルの大石柱がそそり立っている。阿蘇品氏によれば、これが「竪岩立つ」＝健磐龍の原形だという（阿蘇品一九九九）。阿蘇比咩はもともと中岳の神霊池《しんれいいけ》の神だったが、『日本後紀《にほんこうき》』や『続日本後紀《しょくにほんこうき》』にみられるように、神霊池の涸渇や沸騰は、国家的な災いをもたらすものとして畏怖され、たびたび祈祷などがおこなわれた。こうした神霊池の凶兆を重視した人々は、神霊池の神を阿蘇比咩から健磐龍命に入れ替えていく。そして、『続日本後紀』も記すように、「健磐龍命神霊池、涸渇三十丈」と表現されるようになったというのである。

ところで、阿蘇地域にはいくつかの古墳群が存在する。阿蘇谷では、中通《なかどおり》古墳群と国造神社（北宮）に近い上御倉《かみのおくら》・下御倉《しものおくら》古墳群（ともに阿蘇市字《あざ》宮の前）が有名である。中通古墳群は、全長一〇〇メートルの前方後円墳である長目塚《ながめづか》古墳や全長五〇メートルの円墳である勝負塚《しょうぶづか》古墳など十四基からなる。古墳時代中期（五世紀ごろ）のものと推定され、一説には阿蘇君《あそのきみ》一族の墳墓ともいう。上御倉・下御倉古墳群は、古墳時代後期の横穴式石室をもつ装飾古墳である。この二つの古墳群は、開発に関わった有力な首長がいたことを示しており、阿蘇社と北宮との関係を考えるうえでも重要である。

かつて杉本氏は、阿蘇谷と南郷谷に別の開発豪族がいたのではないかということを示唆した（杉本一九五九）。近年、これまで古墳がないとされてきた南郷谷でも古墳が発見され、古墳を築造する有力豪族がいたことが想定されている。このことは、南郷谷開発の進展の認識とも関わり、今後の課題といえる。

このように、健磐龍命神・阿蘇比咩神・国造神の三神についても、複雑な背景や事情があった。では、十二神への編成はどのような意図をもってなされたのか。阿蘇品氏によれば、その過程は三段階に区分される（阿蘇品一九九九）。第一段階では、阿蘇比咩神の父母神を草部吉見《くさかべよしみ》神とすることで、南郷谷の神を祭神に加えようとした。第二段階で、阿蘇社周辺の鶴原《たづわら》社や、矢村《やむら》社の神々を加えて、祝《はふり》の山部《やまべ》氏ら宮地周辺の神々を包摂し、第三段階では、大宮司家の始祖たる国造神を取り込んだという。

こうした取り込みは、最終的に十一世紀から十二世紀にかけての阿蘇社による阿蘇荘一円支配の正当性に利用され、やがて阿蘇荘が安楽寿院《あんらくじゅいん》領に組み込まれる要因の一つともなった。

多岐にわたる中世阿蘇社の祭礼

中世の阿蘇社を統括した阿蘇大宮司は、十三世紀に本拠を南郷谷に移し、神事は一部を除いて権大宮司らに任せた。のちに、拠点を南郷谷からさらに益城郡矢部（山都町）に移し、世俗の権力者として君臨する（阿蘇惟之編二〇〇七）。

今日の阿蘇神社の祭りでは、三月の田作祭《たつくりまつり》（火振り神事）、七月の御田祭《おんだまつり》、九月の田実祭《たのみまつり》などが有名である。これらの祭りは阿蘇神社だけでなく、国造神社・吉松《よしまつ》神社などの祭りとあわせ、一連の農耕祭事として国の重要無形民俗文化財に指定されている。田作祭は、神の婚礼を祝う祭りである。火をつけた茅の束を振り回して婚儀を祝う火振り神事には、一般客も参加することができ、夕闇の社殿の前にいくつもの火の輪ができる。御田祭は豊作を祈り、田実祭は収穫に感謝する祭りである。

これらの祭りは、内容に差異はあるが、中世の阿蘇社などでもおこなわれていた。では、中世の祭祀はどのようなものだったのか。歴史学・民俗学の研究成果に拠りながら述べておこう。

年月日不詳の「阿蘇社年中神事次第写」（写第十九）は、阿蘇社や北宮（国造社）などの月ごとの祭礼内容、大宮司や社家・供僧《ぐそう》の役割、諸費用などを詳細に記した貴重な記録である。作者は権大宮司もしくは社家関係の人間と推測されているが、矢村社の記載がないなど、写しの過程で脱漏がある史料とも評されている。このうち、阿蘇社の祭礼を一覧にした表1をみると、中世の祭礼は実に多岐にわたっていることが明らかで、大別すると次の通りである。

①毎月一日の朔幣《さくへい》。初卯や中卯などの定例の祭礼。
②三月三日・五月五日・七月七日・九月九日といった節供《せっく》。
③踏歌節会《とうかのせちえ》・田作祭・田植祭などの豊作を願う祭礼。
④修正会《しゅうしょうえ》（国家の隆盛を祈る法会）・常楽会《じょうらくえ》（涅槃《ねはん》会とも。釈尊入滅《しゃくそんにゅうめつ》の日）・仏生会《ぶっしょうえ》（釈尊誕生日）・放生会《ほうじょうえ》（生類《しょうるい》を山野や池沼に放す）・仏名会《ぶつみょうえ》などの仏事。
⑤その他の春神主・冬神主・下野狩《しもののかり》・風遂祭など。

田作祭（火振り神事）　2017 年撮影

これらの祭礼は、阿蘇社の創建からいくつかの発展過程を経て形成されてきた。①の卯のつく祭日は、阿蘇社の創建にちなむ記念日的な可能性が高いこと、社殿が卯の方角（東方）に向いて建てられていることが指摘されている（阿蘇品一九九九）。また、仏教系の儀式がかなり多い（松本二〇〇三）。

阿蘇社の北側には、かつて天台宗金剛山青龍《しょうりゅう》寺という神宮寺《じんぐうじ》があった。永長元年（一〇九六）の開基とされ、本尊は十一面観音で、多くの供僧がいた。踏歌節会・田植祭・風遂祭などは、北宮（国造社）でも日をずらしておこなわれているが、田植祭のように、一日早く実施されているものもある。「出仕する神官たちの顔ぶれ」は共通

表1　中世阿蘇社の祭祀一覧　＊印：近世には消滅

月	日	祭祀名	法灯・頭人
正月	1日	朔幣	一太夫
	3日	元三祭*	一太夫
	7日	修正会*	一太夫
	13日	踏歌節会	権大宮司
	初卯	神楽	一太夫
	中卯	神楽*	楽所別当
2月	1日	朔幣	二太夫
	15日	常楽会*	
	初卯	神楽	二太夫
	初卯	春神主祭*	権大宮司
	初卯	下野狩*	祭礼の次第は別紙
	初巳~初亥	歳神祭	
	初巳	歳神起こし	
	初申	ミソ木迎え	
	初亥	田作り祭	年祢預
	初午	下宮祭礼	
	中卯	神楽*	楽所別当
	中卯	富安の市*	
	乙卯	神楽*	楽所別当
3月	1日	朔幣	三太夫
	3日	祭礼	三太夫天宮祝
	15日	桜会祭礼	権大宮司
	初卯	神楽*	三太夫
	中卯	神楽*	楽所別当
	乙卯	神楽*	楽所別当
4月	1日	朔幣	四太夫
	4日	風逐の祭	風の祝
	8日	仏生会*	
	初卯	神楽*	四太夫
	中卯	神楽*	楽所別当
	乙卯	神楽*	楽所別当
5月	1日	朔幣	五太夫
	5日	祭礼	中司3人
	初卯	神楽	五太夫
	中卯	神楽*	楽所別当
	乙卯	神楽*	楽所別当
6月	1日	朔幣	六太夫
	20日	臨時祭礼*	
	26日	田植祭礼	一太夫/二太夫
	初卯	神楽*	六太夫
	中卯	神楽*	楽所別当
	乙卯	神楽*	楽所別当
7月	1日	朔幣	七の祝
	4日	風逐の祭	風の祝
	7日	七夕	一太夫
	15日	蓮華会*	権大宮司
	初卯	神楽*	七の祝
	中卯	神楽*	楽所別当
	乙卯	神楽*	楽所別当
8月	1日	朔幣	八の祝
	1~15日	しかくの祭*	楽所別当
	15日	放生会	中司3人
	初卯	神楽*	八の祝
	中卯	神楽*	楽所別当
	乙卯	神楽*	楽所別当
9月	1日	朔幣	九の祝
	1~9日	しかくの祭	副の祝
	9日	祭礼	年祢預
	15日	菊会	擬大宮司
	初卯	神楽	九の祝
	中卯	神楽*	楽所別当
	乙卯	神楽*	楽所別当
10月	1日	朔幣	十の祝
	14日	紅葉会	修理検校
	15日	紅葉八講	一太夫
	初卯	神楽*	十の祝
	中卯	神楽*	楽所別当
	乙卯	神楽*	楽所別当
11月	1日	朔幣	国造祝
	1日	冬神主祭*	権大宮司
	20日	臨時の祭礼	権大宮司
	24日	権現祭*	
	初卯	神楽*	国造祝
	中卯	神楽*	楽所別当
	乙卯	神楽*	楽所別当
12月	1日	朔幣	金凝祝
	20日	仏名会*	
	初卯	神楽*	金凝祝
	初卯	駒取祭*	
	中卯	神楽*	楽所別当
	乙卯	神楽*	楽所別当

（注）松本2003をベースに作成

しており、「両社の成立には複雑な歴史が隠されている」という（大山二〇一二）。なお、祭礼のなかには、大宮司が直接関わる臨時の祭りと下野狩があるが、これについては後に触れる。

正月十三日の踏歌節会の一節には、次のような記載がみられる（前掲年月日不詳「阿蘇社年中神事次第写」）。

大宮司殿ヲ始め奉《たてまつ》り、神官・権官《ごんかん》・供僧・神人《じにん》・楽所《がくそ》、公文《くもん》・段所、民百姓ニ至ル郷々村々薗々、八次《やなみ》之蔵千万、阿蘇ニ（マヽ）あそらまん、

ここには、阿蘇大宮司を頂点とする中世阿蘇の社会構造・支配秩序が端的に表現されている。神事祭礼は、大宮司をはじめ神官・権官・供僧・神人・楽所らが取り仕切り、公文・段所（田所《たどころ》か）はその費用を徴収する任に当たり、民百姓らは貢納の責務を負わされた。郷や村や薗は、民百姓の居住地であるとともに、年貢賦課の対象地でもあった。「八次之蔵千万」は、八列の蔵が千も万も並ぶという、阿蘇の自然と実りの豊かさを表現している。

神官・権官・供僧・神人・楽所らが祭事を担っているにもかかわらず、阿蘇谷の外に居住する大宮司が、権力の頂点にあるのはなぜだろうか。阿蘇社の重要な神事・祭礼に関与しない大宮司が、阿蘇社の最高権力者として振る舞い、その統治を可能にするシステムは、どのようにして成り立ち機能していたのか。とても難しい問題だが、阿蘇社・大宮司側の史料を手がかりに、解明する糸口を見つけていきたい。

阿蘇文書の伝来と災害・戦乱

今日、われわれが阿蘇社や阿蘇氏とその一族、阿蘇領について研究できるのは、ひとえに『大日本古文書　家わけ第十三　阿蘇文書』全三巻にまとめられた文書群などのおかげである。『阿蘇文書』は、一族関係の文書をふくむ大宮司家が所蔵していた文書と、阿蘇社が所蔵していた、本社や甲佐《こうさ》・健軍《けんぐん》・郡浦《こおのうら》の三末社および社家文書などに大別される。これらの文書には、中世阿蘇社の時代の文書群から、阿蘇惟前《これさき》系文書のように近世になって組み込まれたものまで、複雑な経緯がある。また、大宮司家および関係庶家の文書の伝来過程は、今日にいたるまで苦難の道であった。

とりわけ、大宮司家が代々伝えてきた文書は、阿蘇氏が天正十三年（一五八五）に島津氏の攻撃を受けたときに消滅の危機を迎えた。このとき、矢部の「浜の館」を脱出した惟光《これみつ》一行は、逃避先の目丸《めまる》の山中に重要文書を持参したが、その他の多くは男成社《おとこなり》（山都町）の社殿床に隠したため、事なきを得たという（『拾集昔話』）。

こうして伝えられた文書は、復活した神官阿蘇氏のもとで保管されていたが、天保七年（一八三六）の火災で多数の原本が失われてしまう。『阿蘇文書之一』は、阿蘇神社文書と阿蘇家文書からなり、この火災で焼失を免れた原本を収める。同じく『阿蘇文書之二』は、阿蘇惟馨《これか》が「阿蘇家伝」編纂のために作成した写を集成する。

ちなみに、『阿蘇文書之一』には古代・中世関係だけで阿蘇神社文書一〇点、阿蘇家文書三二五点の計三三五点を収め、同じく『阿蘇文書之二』には、古代・中世関係が七九二点（写第十二阿蘇氏書札案文写・写第三十六阿蘇氏書札案抜書は除く）ある。これに、『阿蘇文書之三』の大半を占める西巌殿《さいがんでん》寺《じ》文書の中世分二〇〇点（点数は『熊本縣史料』中世篇第一による）と、小国《おぐに》の満願寺《まんがんじ》・熊本の健軍神社文書などを合わせると、『阿蘇文書』三巻だけで一三四五点あまりにのぼる。西巌殿寺は、中岳の西方に本堂を有した天台宗寺院である。本来は阿蘇三十七坊の総称であったが、廃仏毀釈《はいぶつきしゃく》によって廃寺となり、学頭坊《がくとうぼう》跡に再興されて現在にいたる。

文書だけに限らず、阿蘇の史料は自然災害や火災、盗難や戦乱などの災禍に遭遇しながらも守られ、保存されてきた。とりわけ、阿蘇地域とその周辺では、中岳の噴火がつねに人々を脅かしてきた。西巌殿寺文書のなかに、十八世紀初頭に書かれたと推定される「阿蘇山上宮奇瑞記抜書」（阿二三七）という史料がある。阿蘇上宮の奇瑞に関する火山の爆発・黒煙・火砕流・洪水・御池や宝池の変化・珍獣の出現など、四十四回もの奇瑞が記されたものだ。

これを整理して示したのが表2となる。回数は、十三世紀と十四世紀がそれぞれ十一回、十五世紀が〇回、十六世紀が七回、以後、十七世紀が十二回、十八世紀が三回である。平穏だった十五世紀を挟んで二十二回ずつということになる。さらに、上宮の奇瑞は政治的・社会的事件や対外関係、あるいは有位者の不幸の予兆にもなっている。一部に年代的な誤りはあるが、阿蘇の霊験がいかに世俗世

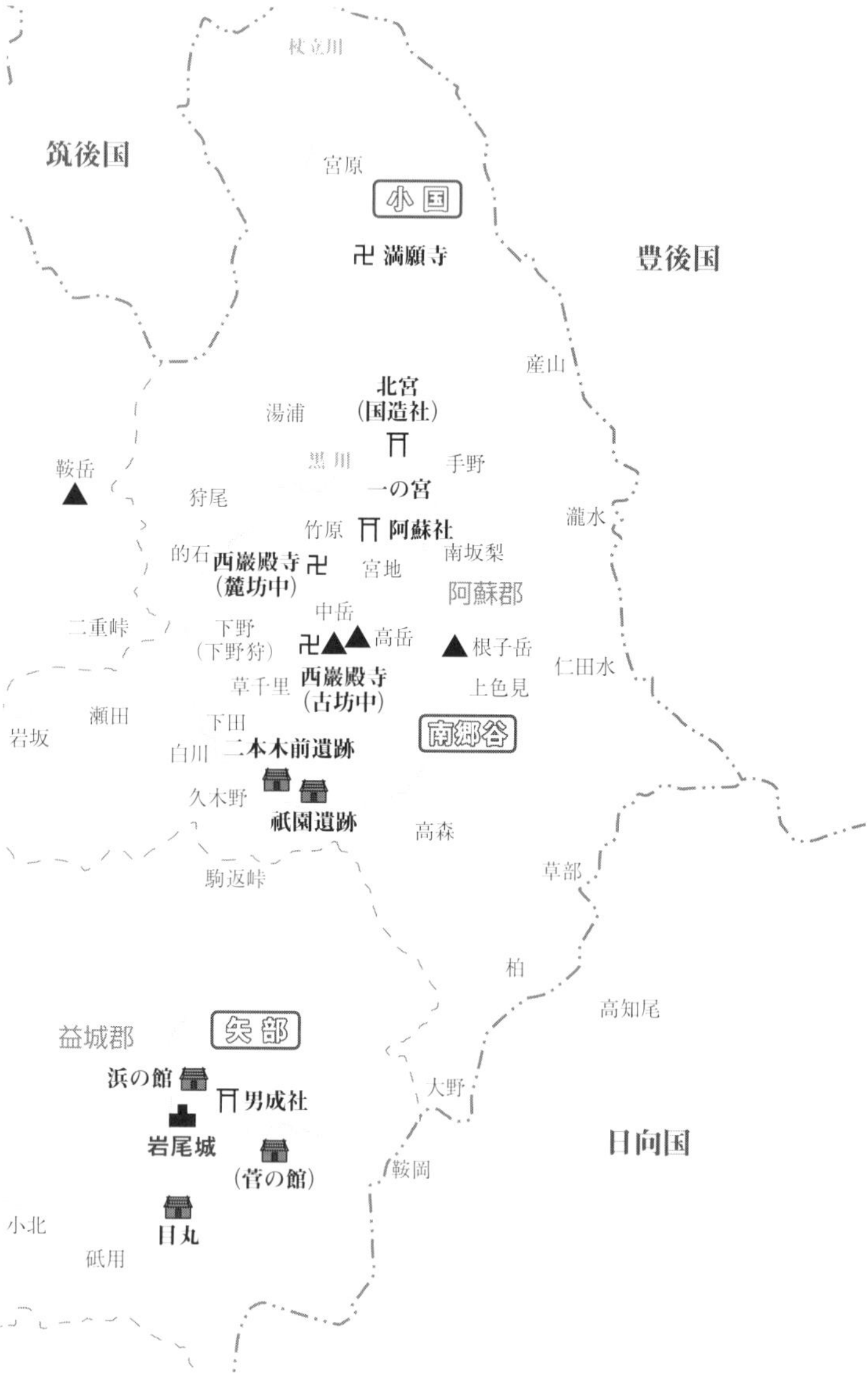
杖立川
筑後国
宮原
小国
満願寺
豊後国
産山
北宮
(国造社)
湯浦
黒川
手野
鞍岳
一の宮
狩尾
瀧水
竹原
阿蘇社
南坂梨
的石
西巌殿寺
(麓坊中)
宮地
阿蘇郡
中岳
二重峠
下野
(下野狩)
高岳
根子岳
仁田水
西巌殿寺
(古坊中)
草千里
上色見
瀬田
下田
南郷谷
岩坂
白川
二本木前遺跡
久木野
祇園遺跡
高森
駒返峠
草部
柏
高知尾
益城郡
矢部
浜の館
男成社
大野
岩尾城
日向国
(营の館)
鞍岡
小北
目丸
砥用

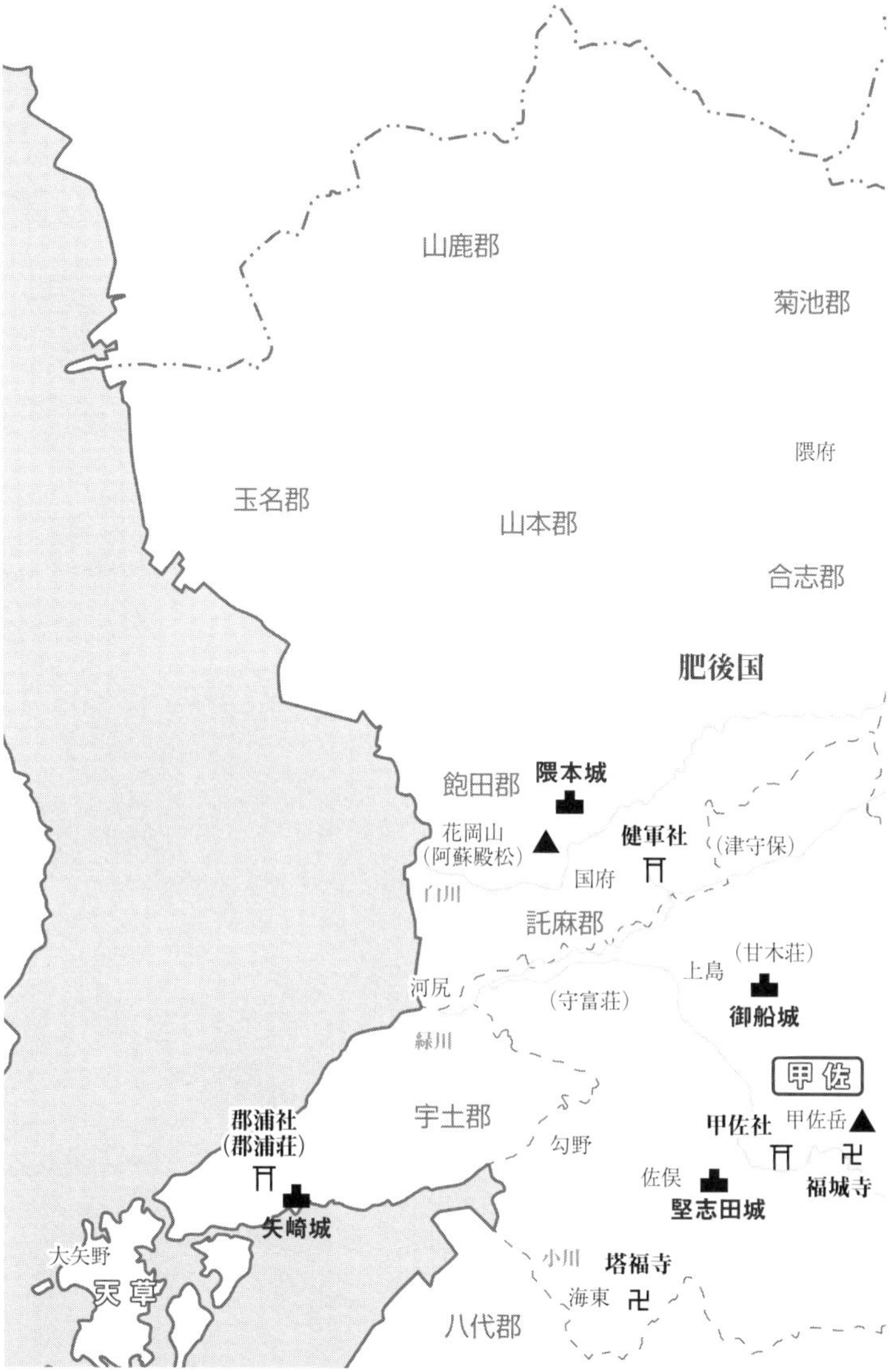

図２　阿蘇文書関係略地図　『阿蘇の文化遺産』（2006 年）掲載図をもとに作図

表２「阿蘇山上宮奇瑞記抜書」にみえる災害記事

年号	西暦	月日	奇瑞の内容	関連事項の記載
暦仁元	1238	12月26日	御池に蛇30ばかり出現黒烟大小石上がる	翌年2月、後鳥羽院死去
延応元	1239	9月	宝池に水鳥7羽出現	翌春関東へ言上、馬一疋寄進
延応元	1239		御池に大蛇9ッ出現、内1ッは極めて大なり、水吹き上げること4・5丈	
文永7	1270	11月15日	宝池鳴動、大地震の如し、一時の内に24度	
文永8	1271		地震前の如し	
文永9	1272	3月10日	宝池鳴動、電雷光耀し砂礫四方に散落し池水湧出	文永9年2月、後嵯峨院死去。蒙古襲来
文永9	1272	11月1日	昼夜六時大地震動きあり、火石降ること雨の如し	
文永10	1273	7月下旬	砂礫黒雲火石相交じりて晴天闇夜の如し	
文永11	1274		中の宝池不穏、火石四方飛び涸渇し、あるいは南北の郷里田畠崩れ埋み川と成り濱と成り、種々の変相に一に非ず	異賊蒙古襲来（文永の役）
弘安4	1281	閏7月	異賊襲来、此の時宝池鳴動して火石上がり、肥前国鷹嶋に青龍出現す。海上に霊鷹翻して賊船の帆柱黒風大いに起こり、賊船悉く破損し畢、是則ち阿蘇明神の霊徳なり	（弘安の役）
弘安9	1286	8月3日	宝池鳴動して蛇形の如くなる黒雲出でて、指乾の方飛び去る	この年城陸奥入道誅せらる（弘安8年の誤り）
嘉元3	1305	3月晦日	宝池より日輪の如く成り、火三つ虚空に上り、坤の方飛び去る	9月亀山法皇死去
正中元	1324	8月10日	宝池より黒烟火石上がる、関東へ言上、将軍より祈祷のため神馬上る	
元弘元～3	1331～33	11月下旬から5月上旬	宝池鳴動、火石日夜遠く飛びて遠く響きを成す、瑞超たり	この年（元弘3）関東一族（鎌倉幕府）滅亡
建武2	1335	2月23日	宝池より火石砂上がる、黒烟天に覆う	尊雲法親王、直義のために誅せらる、4月後伏見院死去
暦応3	1340	1月4日	宝池鳴動、黒白の煙相交じりて蒼天に滔りき火坑放光電火のごとく、石吹き上げて碧天に散り落ちること十方に、恰も雨の降るが如し、上下両所大行事の御社火石落ち懸け破損し訖ぬ、およそ疇蔵の外、横嶽の辺り法施崎以下、大小火石降下の間、満山の住侶など驚き耳目を驚かし、心神迷い畢、	
暦応3	1340	1月19日	北の宝池の中心に大いなる嶋出現す、新山と号す。表出して当山の頂上に虚空に通融す、希代の瑞相なり、衆徒など起請文を以て之を注進す	
永和元	1375	11月19日	中の宝池鳴動、火石上がり霊水流出す	
永和2	1376	1月2日	霊水前の如し	
永和2	1376	3月20日	火石上がり晴天に、洪水して本堂を押し流す	
永和3	1377		諸国山々崩れて騒動す	

嘉慶2	1388	9月8日	宝池に白鷺三ッ見ゆ、三日過ぎて南方に飛び去る	明徳元年天下兵乱、同2年12月山名時氏(氏清の誤り)内野合戦(明徳の乱)
永正元	1504	正月	黒煙火石上がる、天下飢饉	武州立川原合戦
永禄5	1562	2月上旬	宝池より黒煙砂硫黄火石上がる、白川水濁て衆魚死す	永禄8年5月、将軍義輝三好のため害さる 元亀2年、比叡山滅亡、天下長雨飢饉
天正10	1582	正月15日	宝池より黒煙炒火石上がる	6月、信長死去
天正11	1583	11月11日	宝池より霊水湧出して本堂打破、最栄讀師の像、慈恵大師の像ならびに板敷などを押し流す	
天正12	1584	7月	砂硫黄降り、南郷色見村荒所となる	
天正13	1585	11月5日	薩摩勢出馬にて肥後豊後乱劇餓死す	
天正15	1587	4月	関白秀吉薩州退治のため下向、4月阿蘇山寺院没落	
慶長18	1613	6月22日	宝池より苦水湧出し黒烟天を覆う、火石上がり降り下ること雨の如し、砂郡中に充つ	元和元年大坂落城、同2年家康死去、同3年8月後陽成院死去
元和6	1620	5月3日	宝池より晴天に苦水湧出、之によりて祈祷あり	元和7年2月女院(新上東門院)死去
寛永8	1631	11月	宝池鳴動、黒煙火石上がり苦水湧出、麓菩提寺川に落ち下り流れ熱湯の如し、行路の諸人の渡りを絶つ	寛永9年正月24日秀忠死去、4月加藤忠広改易
寛永14	1637	8月27日	宝池より黒煙上がり砂硫黄降り、寶池の内に満つ	寛永15年嶋原（原城の誤り）落城
慶安2	1649	6月~7月	宝池鳴動、雷の如く黒煙硫黄火石上がる	12月細川光尚死去
寛文8	1668	正月	宝池鳴動、	2月江戸大火事
寛文8	1668	7月	宝池鳴動、年越し止まず、之により祈祷のため大般若経全部を真讀す、山上本堂において17日執行す	
延宝3	1675	正月22日	宝池鳴動、黒煙の内に光りありて火石上がる	2月本源院(細川綱利)死去
天和3	1683	4月5日	宝池の辺りに鶴二翼死去	
天和3	1683	5月	鳴動雷の如く泥上がる	5月常徳院(徳川徳松)死去
元禄4	1691	4月	北宝池鳴動、砂上がること月越し止まず	
元禄4	1691	5月27日	巳の刻より午の刻に至りて、鳴動前の如し、火石火烟夥しく上がり、麓まで震動、煙東丑寅の方へたなびく、宮地坂梨村表、一時の間に黒闇に成り、灯を立ち往還の旅人行路に迷い、人畜落石に当たり怪我、或いは鳥類烟咽死す、国司に注進し、祈祷のため大般若経全部を真讀、執行せしむ	
宝永5	1708	8月	法施崎の池水変じて紅水と成る	宝永4年10月宝永地震
宝永5	1708	12月	法施崎の池水涸渇す	
宝永6	1709	正月4日	山上鳴動して拝所と宝池の間に烟穴新たに出来し、大は15ヶ所、小は数知らず、砂烟立ち、泥土吹き上げること3,4間、苦水沸き流る、火炎火石上がりて鳴動夥し、国司に注進し、祈祷執行せしむ	正月10日常憲院(徳川綱吉)死去、2月浄光院(細川友之丞)死去、12月新院(東山天皇)死去、「これらの前瑞か」

界へ大きな影響を及ぼすのかを強調した史料である。これらの奇瑞は、他の史料で確認できるものもあるので、出来事そのものは信用してよいだろう。中世でいえば、文永・弘安年間のモンゴル襲来のころ、鎌倉幕府滅亡から建武政権崩壊・南北朝分裂という十四世紀内乱、そして戦国末期の永禄・天正年間（一五五八〜九二）に集中して記録されている。

だが、これはほんの一部の奇瑞にすぎず、中岳の古代以来の詳細な活動データが、『阿蘇町史』第二巻 資料編に掲げられている（十世紀から十三世紀初期の記録はない）。『八代日記《やつしろにっき》』には、永禄六年（一五六三）四月一日、阿蘇山が鳴動《めいどう》し、翌日には阿蘇や宮（読み・意味・地域いずれも不詳）に霰が降って鳥や獣が傷ついたとある。また、同年五月十六日条によれば、永正二年（一五〇五）にも阿蘇の鳴動があったという。このとき、「ちはやぶる、神のちかひの、ふかければ、炉（煙）ぞ神の、すがたなりける」という歌が流行ったことを紹介している。南郷谷の竹崎では、応永十一年（一四〇四）に大水によって田地が流失し、大般若供米を本来七斗徴収するところを、残った現作田一斗六升に減免している（同十二年十二月十三日大江政家大般若供米送文案、西一七七）。

こうした災害とは別に、十四世紀から十六世紀にかけて社殿は五回焼失しており、そのたびに再建がなされてきた。自然災害・火災・戦乱が、社殿や文書はもとより、いかに多くの人命を奪い、生活を支える家屋や田畑に甚大な被害をもたらしてきたかが想像できるだろう。阿蘇文書や小国地域などの一部を除いて、阿蘇谷・南郷谷ともに中世文書の残存数が少ないのもこのためと考えられる。

こうした制約のなかで、『阿蘇文書』や『熊本県史料』以降も、『神道大系 神社編 阿蘇・英彦山』、『阿蘇町史』をはじめとする関係市町村史、飯沼賢司編『阿蘇下野狩史料集』（二〇一二年）など、中世文書だけでなく近世の史料、あるいは金石文・仏神像銘などの蒐集作業がおこなわれている。

なお、二〇一六年の地震は、多くの文化財・建築物などに被害をもたらした。こうした被災文化財を守るべく、「熊本地震被災史料ネットワーク」がいち早く結成され、レスキュー活動をおこなっている。また、活動の一環として、二〇一七年十月十四日には、「阿蘇神社 被災神社の歴史再発見」と題するシンポジウムが開催された。

阿蘇社を支える経済基盤

祭礼のことについてはすでに述べたので、次に祭礼の運営や大宮司をはじめ、阿蘇社に関わる人々の経済的な基盤についてとりあげよう。

『阿蘇文書』最古の史料は、永延元年（九八七）二月十日付けの「阿蘇氏人中家督相伝人承続流記」（阿蘇郡四境註《（ママ）》文」で、東境・南境・西境・日向国合《（今カ）》越給路通字・一）と題する文書である。内容は、「阿蘇郡四境註《（ママ）》文」で、東境・南境・西境・日向国合《（今カ）》越給路通字・北境の順に、それぞれの具体的な地名などが記されている。そして、「この流記は氏人の中で家督を相伝する人が承続するところなり」とあり、さらに「これは証文として大宮司職を定めるなり」と記す。つまり、この文書は阿蘇氏《うじ》の家督を相続する氏上《うじのかみ》が代々相伝する記録で、大宮司を定めるための証文であるとする。ここには大宮司職の表現があり、大宮司の初見文書でもある。

この文書は写第一にもあるが、境の詳細は省略され、日向国の記載は欠落している。そして、「阿蘇郡一円神領の所見」とか、「社務職は余人や他門の人が進止《しんし》（支配）をしてはいけない」という後世の注記があり、「阿蘇氏人中の家督相伝の人の承続流記」の位置づけを明白にしている。ただし、『大日本古文書』では、この文書が永延年間のものとするには疑わしいと指摘されているので、大宮司職の初見文書とは断言できない。

このように、文書の真偽の問題はあるが、十世紀末の段階で阿蘇郡全体を根本社領（神領）と位置づけ、阿蘇氏の家督をその統治者にしようという動きがあったことは事実だろう。そこで、二番目に古い史料で、「阿蘇郡四境」を記す寛弘八年（一〇一一）二月十一日付けの国宣《こくせん》（国司《こくし》庁宣《ちょうぜん》：国司が郡《ぐん》司《じ》以下に命令を下すときに用いた文書。写第二）に注目してみたい。これは写が二点あるが、一点は本文が省略されている。全文に、室町時代の筆写と推定される寛喜四年（一二三二）の肥後阿蘇郡四境注文（阿二）の読みをつけて引用しよう。ただ、写により地名表記が異なる場合は（　）で示した。また、《　》は『阿蘇町史』が比定する現行地名である。

国宣

阿蘇郡四境注文〈先年注文に任せて庁宣を成す所なり、承暦二年二月十四日大介源朝臣花押〉

東境　　、

宇歩山《うふのやま》《産山》　勢河内《せかわのうち》　瀧下《たきのした》　部立《こおりたて》　平部《ひらへ》　瀧水大路《たきみつのおうみち》《滝水》　上津《みつ》小木東《おきのひんかし》　大路（道）

中山口　仁多津《にたみの》東《仁田水》　長野東《高森町野尻永野》　杣（朴）野　河原

南境

鳥丸　部《へ》断楗《たのたけ》　越木《こえき》原楗《わらのたけ》　白人楗《しらひとのたけ》

西境

恩《おく》（息）乃楗《尾の岳》　鞍《くら》楗山《鞍岳》　村枇枝（柴）折　広小野《ひろおの》立石　国見《くにみの》

二牟礼《ふたむれ》楗　神礼　小爪（川）　麻生三辻《まきのみつのつじ》　竈《なる》（電）　柱宮《はしりのみや》　白多仁口《しらたにくち》　納（細）殿

日向国令（合）越給路通字

頸黒《くひくろ》明神　伊坂《いさかの》明神　神御門《かみのみかど》　身乃生《ひめの》明神　是れ即ち出現神明の時事なり

北境

高橋（杉）楗　苔乃《みこの》楗　椙（柏）山《かしはやま》の北日田（向）境

寛弘八年二月十一日注申

国使介肥（花押）

阿蘇郡四境注文は、嘉禎二年（一二三六）正月五日付けの写本もあり、字句に多少の異同はあるが、地名にルビがあるのが特徴である（神社二）。これによれば、楗には「たけ」のルビがふられている。

ここで注意すべきは、「阿蘇郡四境注文」の下に記された、割書の「承暦二年二月十四日大介源朝

倒壊前の阿蘇神社楼門　熊本県阿蘇市
写真提供：阿蘇神社

臣花押」の部分である。承暦二年は一〇七八年で、本文書が出された六十七年後にあたる。これまでの研究では、本文書と元弘三年（一三三三）十月二日付けの後醍醐《ごだいご》天皇綸旨《りんじ》（神社六）にみえる「承暦国宣」が同一視されているが、「承暦国宣」の原本や写は現存せず、不明といわざるをえない。ただし、承暦二年二月十四日に大介源朝臣が花押を据えたことで、本文書が有効性を高めたことは指摘できよう。

承暦二年は、白河《しらかわ》天皇の在位期にあたり、このころは荘園や公領《こうりょう》の形成が進展している。阿蘇社も阿蘇郡全体を社領とする国宣を受け取っており、国免荘《こくめんのしょう》として認知されたものと思われる。阿蘇郡四境注文は、その重要な附属資料であった。

その後、社領は保延三年（一一三七）以前に、村上源氏《むらかみげんじ》中院《なかのいん》流の雅定《まささだ》を領家《りょうけ》とする阿蘇荘となった。そして、平治元年（一一五九）、阿蘇社は鳥羽院《とばいん》の妻得子（美福門院《びふくもんいん》）により、鳥羽院を葬る新御塔の末社とされる。ほどなく安楽寿院新塔院の料所《りょうしょ》として、美福門院から娘の八条院《はちじょういん》に伝えられ、王家領八条院領荘園群に属することになったのである（工藤二〇〇六）。

阿蘇社の根本所領である阿蘇荘は、荘園制的な秩序に組み込まれ、のちに、鎌倉幕府体制の成立とともにさらなる変容を余儀なくされた。社領の耕作や貢納・徴税は、この地の人々によって担われていったのである。

これとは別に、阿蘇社は社殿の維持や毎年のさまざまな祭礼などで多くの費用を必要とし、国司は勧農と徴税とをあわせて、国内の社への参拝が義務づけられていた。阿蘇社は国内を代表する一宮であったことから、国司や国衙《こくが》との結びつきが強かった。先に掲げた年月日不詳の「阿蘇社年中神事次第写」から、いくつか例示してみよう。

①踏歌節会（正月十三日）
　下宮社の分、国衙米六石六斗を在庁（国衙の役人）から権大宮司に納める

②二月
　灯油の代金一貫二〇〇文を在庁より十二社、北の御宮あかしとして権大宮司に納める

③駒取祭（十二月初卯）
　肥後国府里より在庁三十三人が阿蘇下宮社へ参る、めうしきを着て秘仏の太刀を差す、在庁などは神馬に鞍を敷き幣の榊葉をさし（下略）

こうした国衙との関わりを詳しく記したのが、元亨元年（一三二一）三月三日付けの「阿蘇社進納

表3　最花米（はつおまい）の内容と負担地域一覧　元亨元年3月3日阿蘇社進納物注文（写第13）

使用目的	負担地域	備考
惣官（大宮司）出仕の衣装費用	山鹿 雄鳥（山鹿 小鳥）球磨郡 天草（以上4ヶ所）	
権大宮司用	木葉 山北 稲佐 わた（和仁ヵ）つちはし 小田 江田 白石 玉名 迫間 高瀬 伊倉 高道 大野 臼間野 南関 北関（以上17ヶ所）	田作祭りの費用
春神主の祭分	八代　小熊野（2ヶ所）	下神人の役
冬神主の祭分	海東　南小河　北小河（3ヶ所）	神官権官の役
竹原霜宮分	山本荘（1ヶ所）	7月7日より9月9日の籠り費用
御岳への進納米	菊池　合志（2ヶ所）	山上の衆徒方

物注文写」（写第十三）である。文明四年（一四七二）八月に書写されたとあり、内容は次の三つに分けられる（春田二〇〇六）。

一つは、一国平均の棟別銭《むなべつせん》の徴収で、神具の取り替え費用に充てられた。二つには、最花米《はつおまい》という国衙の保障のもとに徴収を許された一段あたり七升の初穂料《はつほりょう》（段米《たんまい》）である。そして、三つには、社領各地からの現物負担である。

棟別銭についてはのちほど述べるので、ここでは最花米について簡単に触れよう。表3は、最花米を納入する地域を用途別にまとめたものである。賦課対象は、膝下の阿蘇郡、国衙の所在地である飽田《あきた》郡、健軍社の鎮座する託麻《たくま》郡、南端の葦北《あしきた》郡を除いた地域（郡）からまんべんなく徴収されていることがわかる。

表記はさまざまで、山本荘のような郡名荘《ぐんめいしょう》もあれば、菊池《きくち》・合志《こうし》・八代《やつしろ》のような郡名だけの場合もあり、あるいは田作祭礼費用に充てられ、権大宮司が徴収する木葉《このは》以下の玉名郡十六ヶ所と菊池郡迫間《はざま》のような記載もみられる。最花米の具体的な徴収方法まではわからないが、これらの地域から、国衙を通して直接に納入されたのだろうか。

第二章　中世前期の大宮司の動向

謎多き大宮司家の系譜

　大宮司という役職が史料に見えるのは、豊前の宇佐《うさ》宮では八世紀、筑前の香椎《かしい》社や宗像《むなかた》社では十世紀が初見とされる。阿蘇社での初見は不詳だが、阿蘇社は大宮司・擬《ぎ》大宮司・権大宮司・権擬大宮司という四員宮司制をもつ珍しい例とされている（『国史大辞典』第四巻）。ちなみに、宗像社の宗像氏《うじ》実《ざね》のように、博多《はかた》綱首《ごうしゅ》だった王《おう》氏の娘を妻とし、その子氏国《うじくに》や氏忠《うじただ》（張《ちょう》氏の娘と結婚）、あるいはその子が大宮司に就くという国際的なつながりを有した大宮司一族もいた（関周一二〇一八）。

　阿蘇大宮司の場合、阿蘇地域の最高権力者だったが、婚姻関係はさかのぼるほど不明に近く、そもそも大宮司の系譜そのものも明らかではない。系図はさまざまなものがあるが、いずれも信用できない。阿蘇氏系図には、大宮司家正本系と異本系の二つがあり、『神道大系 神社編 阿蘇・英彦山』には、正本系としてⒶ阿蘇三社大宮司系図（『続群書類従』所収）、異本系としてⒷ異本阿蘇系図（熊本県立図書館蔵「上妻文庫」所収）の二つを収載している。

　Ⓐは、貞享二年（一六八五）の夏に阿蘇友隆《ともたか》家蔵本を丸山可澄《まるやまよしずみ》が書写したもので、系図は同六年ま

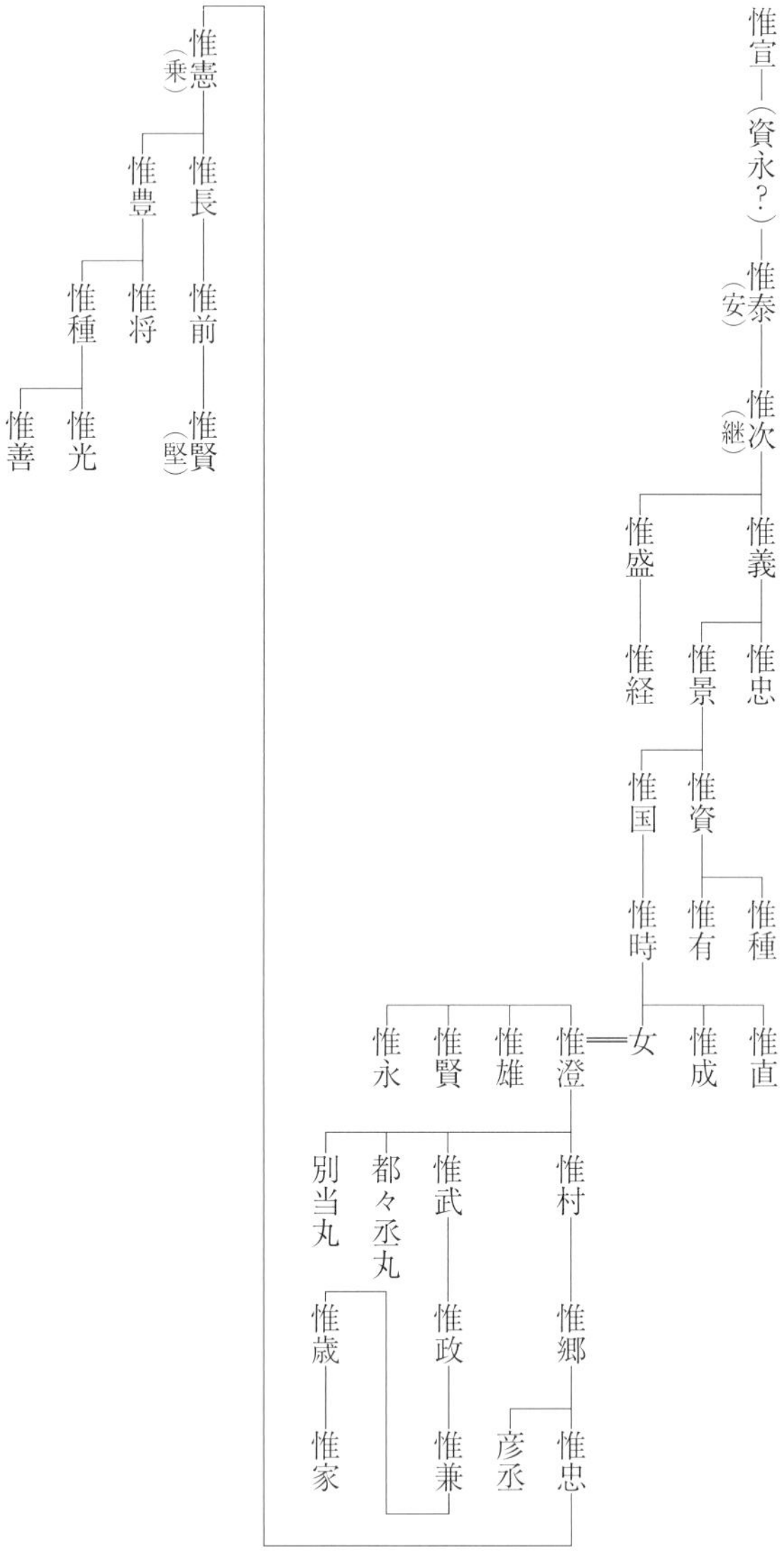

系図２　中世阿蘇氏略系図（『肥後読史総覧』上巻系図をベースに作成）

で神主であった友隆で終わっている。Ⓑは、仲田《なかた》信憲《のぶのり》が編纂したもので、明治十六年（一九八四）に惟孝《これたか》が阿蘇神社宮司になり、嫡男伊麿《これまろ》までを記す。Ⓐが大宮司直系のみをきわめて簡略に記載しているのに比べて、Ⓑは一冊九枚の大部の系図で詳細である。Ⓑがとりわけ長文で、ともにここに掲示することができないので、『神道大系』を参照していただくしかないが、もう少し両者の違いについて述べておこう。

正本系のⒶは、神系系図もふくめて簡略な記述で、史料的に確認できる大宮司惟宣《これのり》まで、実に五十代を数える。その後も大宮司直系のみが続いて、庶子《しょし》・傍系の記載は皆無であり、南朝系大宮司の記載も、惟澄《これずみ》を除いてない。また、大宮司にはときおり官位官職の注記がある。阿蘇品氏は、正本系の祖型は写第三所載の阿蘇大宮司系図だと指摘している。写第三所載の阿蘇大宮司系図は二本あるが、ともに惟人《これひと》を初代として神系の記載はなく、南朝系大宮司もみられない。

写第三所載系図の一本に、「大宮司次第、草（部）吉見大娘嫡子惟人大宮司根本なり」とあるのは興味深い。惟人の存在を示す確実な史料は現存しないが、「阿蘇社年中神事次第写（前中後欠）」（写第三十四）には、「一、鎰《かぎ》の馬ハ、惟人の子孫、阿蘇の大宮司、修理に就いて社頭に参詣の時、乗馬する」とか、「一、国衙役として、守護所より御馬用途と号して二十四貫文、巳、酉、丑の年三ヶ年に一度之を配納す、かの用途二十四貫文の事、惟人の子孫、阿蘇の大宮司惣官職に補任の人これを請け取る」とある。守護所という表現があるので、鎌倉時代、十三世紀には惟人が大宮司の祖であると意識され

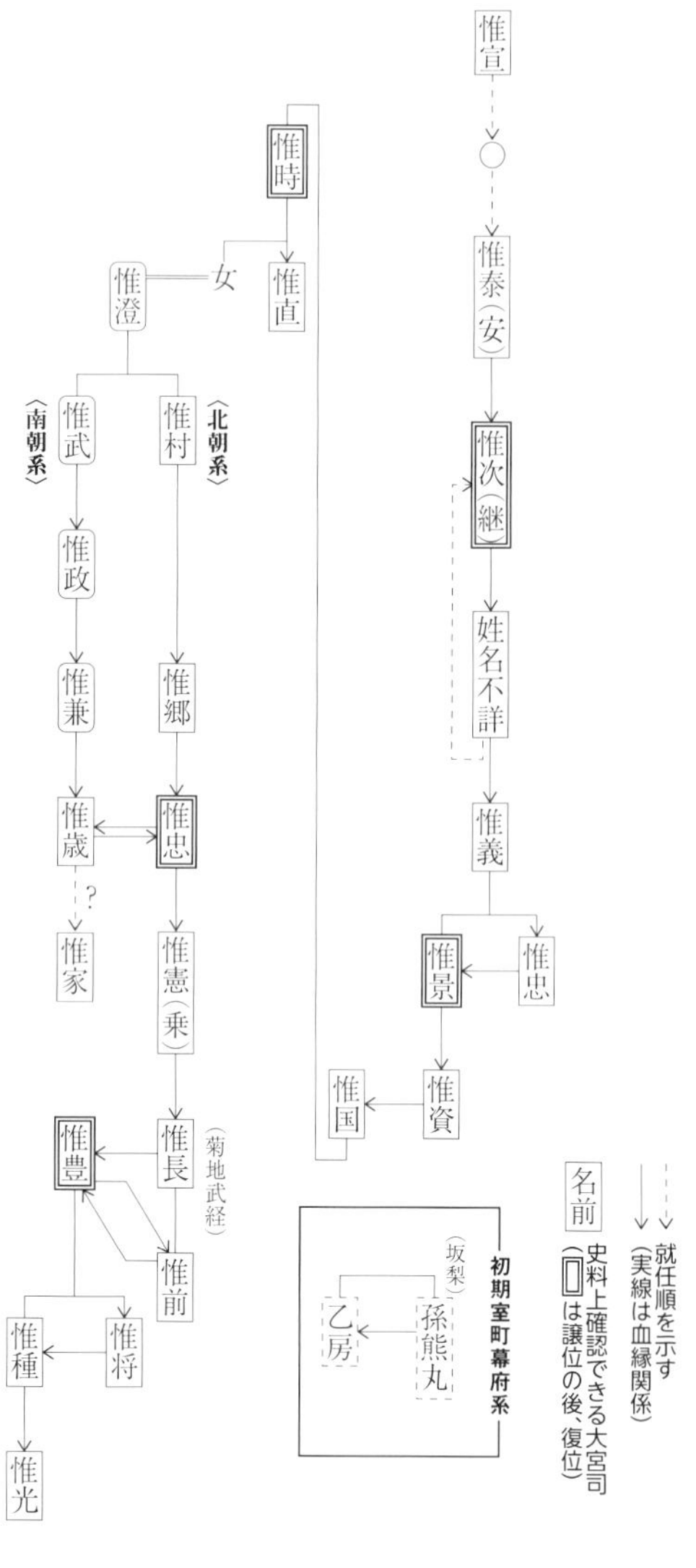

系図３　中世阿蘇大宮司就任系統図

ていたことがうかがえる。

なお、写第三所載系図に関わって、応永三十一年（一四二四）三月付けの阿蘇惟郷《これさと》申状写には、「当神草創より以来惟郷に至るまで二十七代、社職相続無処なり」とみえる。つまり、十五世紀前半の大宮司惟郷は、みずからを二十七代と認識していた。写第三所載系図をみると、惟郷は一本では二十八代、他の一本では三十代に該当している。系図には脱漏も若干あり、初期の創作は紛れもないが、神系の記載がまったくないので、「当神草創より以来」を勘案するならば、代数だけはある程度の事実・実態を反映しているかもしれない。

これに対してⒷは、神系から庶子・傍系、後半部では女子のことまでも記し、南朝系大宮司もしっかり載せている。阿蘇大宮司家の淵源は、科野《しなの》（信濃）国造から阿蘇国造となっている。阿蘇評《こおりの》督《かみ》・阿蘇擬大領《ぎだいりょう》と、律令制《りつりょうせい》的な行政組織が整備される過程で役職もかわり、平安期に入ると神主から宮司、そして十世紀初頭の二十代友成《ともなり》のときに大宮司となった。ちなみに、惟宣は二十六代、惟郷は四十代とある。

応永三十一年三月付けの申状写をみるかぎり、惟郷が自身を二十七代目とする根拠には、阿蘇国造から評督、郡司を経て大宮司へという変遷を記す系図や伝承があったのかもしれない。だが、今に残る系図で信用できるのは、文書が残る十二世紀前半の惟宣以降である。

これまで、中世阿蘇社の最高権力者である阿蘇大宮司の事績や動向を、歴代の大宮司ごとに整理したものはあまりない。そこで、大宮司名と、就任・退任・在位期間が史料的にわからない箇所もあるが、『肥後讀史総覧』（一九八三年）所収系図をベースに、本書に関わる人物を中心とした略系図（系図２）ならびに大宮司就任系統図（系図３）を表４とともにまとめてみた。ここから、阿蘇大宮司の動向は、大きく四つの時期に区分することができる。

表4　史料上確認できる阿蘇大宮司在位期間一覧

大宮司名	在位期間	年数	備考
惟宣	保延3(1137)?→康治2(1143)?	6年(以上)	
惟泰(安)	養和元(1181)2.29?→建久7(1196)6.19?	20年(以上)	
惟次(継)	①建久7(1196)6.19→? ②正治2(1200)4.15→嘉禄3(1227)2	28+?年	一度他人に譲位後復位
不明	?→正治2(1200)4.15		
惟義	嘉禄3(1227)2･安貞2(1228)9.15→?		
惟忠	?→文暦2(1235)8.27	21年+?年	
惟景	①文暦2(1235)8.27→? ②?→弘安10(1287)10.13	50年?	惟資に譲位するも早世のため復位
惟資	?	1年?	早世
惟国	弘安10(1287)10.13→嘉暦2(1327)3.20以前	30年(以上)	
惟時	①元応元(1319)11.15?→正慶元(1332)? ②建武4(1337).3→正平6(1351)2	20年	
惟直	正慶元(1332)?→延元元(1336)3	4年?	多々良浜合戦で負傷し、肥前天山で自刃
坂梨孫熊丸	建武3(1336)4.5→暦応4･興国2(1341)8.9		足利方から補任
坂梨乙房丸	暦応4･興国2(1341)8.9→		孫熊丸弟
惟澄	延文6･正平16(1361)→貞治3･正平19(1364)	4年?	南朝から補任
惟村	観応2･正平6(1351)2.18→応永13(1406)5.3	46年	
惟武	延文6･正平16(1361)2.3→永和3･天授3(1378)3.26	15年	(南朝系)戦死
惟政	永和3･天授3(1378)3.26→		(南朝系)
惟郷	応永13(1406)5.3→永享3(1431)6.18	26年	
惟兼	?－応永30(1423)→宝徳3(1451)		(南朝系)
惟忠	①永享3(1431)6.18→宝徳3(1451) ②?－延徳3(1490)以前?		
惟歳	宝徳3(1451)→?		(南朝系)加賀丞丸(惟兼子息。惟忠養嗣子)
惟家	?－文明14(1482)?→?		惟歳の子
惟憲(乗)	延徳3(1490)以前?→?		
惟長	文亀元(1501)以前?→永正4(1507)	7年?	守護菊池武経
惟豊	①永正4(1507)→永正10(1513) ②永正14(1517)→永禄2(1559)	50年	②永正13年12月以前の可能性あり
惟前	永正10(1513)→永正14(1517)		惟長の子
惟将	永禄2(1559)→天正11(1583)11.2	25年	
惟種	天正11(1583).11→天正12(1584)8.13	1年	惟将弟
惟光	天正12(1584)→文禄元(1592)8.18	11年	梅北の乱関与嫌疑自害

①史料的に確認できる十二世紀から十三世紀まで（平安末・鎌倉期）
②十四世紀内乱から大宮司家の分裂と対立が続く十五世紀半ばまで（鎌倉幕府滅亡から南北朝内乱を中心とする室町前期）
③十五世紀半ばの大宮司家の再統一を中心とする時期（室町中期の応仁の乱前後）
④十六世紀、戦国期を中心に滅亡するまでの時期

まずは、中世前期について、先行研究を参考にしながらまとめておこう。文献上で大宮司職として確認できるのは、十二世紀の惟宣《これのり》からである。

初めて大宮司として登場した惟宣

史料上の初見は、「阿蘇大宮司宇治《うじ》惟宣解《げ》」（阿二）である。惟宣が、保延三年（一一三七）から康治二年（一一四三）の年貢の物結解《そうけちげ》（納入記録）を、荘園領主の領家に報告し、領家の政所《まんどころ》が点検したものだ。この史料からは、大宮司の確かな初見史料であること、惟宣が宇治姓を称していること、阿蘇地域が村上源氏中院流の雅定を領家として、荘園制的な秩序に組み込まれていたことがわかる。物結解に関連して、康治元年十二月付けの「阿蘇大宮司宇治惟宣解断簡写」（写第二）がある。一部重複する箇所もあるが、保延六年から同七年にかけて独自の記録がみられる。

この二つの史料に記載された毎年の貢納物は、実に多種多様である。米以外には、絹・綾・綿衣・白布・

唐絹・蘇芳《すおう》（染色）・紗《うすぎぬ》・球磨紙《くまがみ》・干鳥《ほしとり》・甘葛《あまづら》・紫革《むらさきがわ》（赤紫色に染めた革）・青革《あおかわ》（染色していない革）・弓・高坏《たかつき》・油・井筵《いむしろ》・桂心《けいしん》（シナモンの皮からとれる生薬）・牛鍬など、阿蘇地域の生産物のみならず、広範囲な地域との交換・交流物品もみられる。

惟宣についての問題点は、この二点の史料以外で存在が確認できないことである。『新撰事蹟通考《しんせんじせきつうこう》』（天保十二年〈一八四一〉）の系図にも特記事項はなく、惟宣の後継大宮司を資永《すけなが》とするが、確認できる史料はない。

南郷谷に本拠を構えた惟泰

惟泰は、『新撰事蹟通考』所載系図に初めて具体的な記述がある人物だが、大宮司就任時期は定かでない。治承四年（一一八〇）正月、中院（源）定房《さだふさ》から阿蘇・健軍両社の大宮司に補任されたのが初見で（源大納言家政所下文案。写第三十五）、「惟泰を両社の大宮司職として、社務を執行し年貢の沙汰をさせるので、神官・氏人はこれに従うように」とある。惟泰が健軍社の大宮司職を兼任した理由はわからないが、治承二年ごろ、阿蘇神人が鹿子木《かのこぎ》荘東郷の作田を刈り取り、荘官や住人たちが訴えた事件（養和元年十二月日付け鹿子木荘雑掌成安解。僧綱中文紙背文書）と関係があるかもしれない。問題を起こした阿蘇神人は、鹿子木荘の位置から考えると、健軍社に関わる神人の可能性が高い。当時の健軍社大宮司が責任を取らされたとも考えられるが、荘官や住人たちの訴訟は成功しておらず、詳細は不明である。

惟泰は、『吾妻鏡《あづまかがみ》』養和元年（一一八一）二月二十九日条に、前年の十一月に起きた平氏政権に対する菊池隆直《きくちたかなお》の乱（鎮西養和内乱《ちんぜいようわないらん》）の有力な与同勢力として登場している。このときの惟泰は、「阿蘇・健軍両社大宮司」ではなく、「南郷大宮司」と呼称されていた。

惟泰唯一の発給文書である正治二年（一二〇〇）十二月十四日付けの譲状《ゆずりじょう》（阿二）では、「新大宮司」惟次《これつぐ》に対して、先祖相伝の私領田畠や阿蘇郡南郷の村々を譲与している。惟泰が譲与した南郷の村々は、中村・下田・永野（長野）・世田・荒木・上久木野・下久木野・大野・柏・草部で、現在は南阿蘇・高森・西原・山都の各町村に属する。惟泰が阿蘇谷ではなく、南郷谷に本拠地を構えていたことは明らかで、「南郷大宮司」は南郷谷に本拠をおく大宮司の意味だったようだ。惟宣には南郷谷との関わりを示す徴証はなく、惟泰の代に本拠（居館）の移動が決まったのだろうか。惟泰は、なぜ南郷谷に本拠を構えたのか。

阿蘇品氏は、南郷谷の開発の遅れが、大宮司館を構えた大きな理由であるとする（阿蘇品一九九九）。惟泰は、この地を開発することで、開発領主・根本領主として大宮司の私領形成・武力形成に努め、これが菊池隆直に呼応したときの武力基盤であったという。それならば、惟泰のきわめて早い段階、遅くとも十二世紀半ばには館を構えたことになるだろう。当時は、中院雅定が肥後国の知行国主《ちぎょうこくしゅ》だった。元来、国衙との結びつきが強い阿蘇社としては、国司や在庁官人《ざいちょうかんじん》が、知行国主の力を背景に圧力・関与を強めることを懸念し、大宮司の主導で早急に南郷谷の開発を進めたのかもしれない。そもそも、阿蘇荘内に大宮司の直轄領は設定されていなかったのだろうか。設定されていたとしたら、それは浮免《うきめん》（免田の一形態）的な得分《とくぶん》だけを伴うものだったのか。検討すべき課題はある。

養和内乱後、惟泰は平氏に従い、治承・寿永の内乱（源平の争乱。一一八〇～一一八五）では、菊池隆直とともに平家与同の張本人として大宮司を解任されてしまう。その後、阿蘇本末社領全体の預所職《あずかりどころしき》には、北条時政《ほうじょうときまさ》が任じられた。北条氏の阿蘇社・阿蘇領への関与をみれば、鎌倉政権から没官領《もっかんりょう》と見なされたのは確かだろう。

ただし、惟泰をはじめ、阿蘇氏と平氏政権との関わりを示す文書は伝来せず、惟泰と菊池隆直との関係も必ずしも十分には究明されていない。歴代の阿蘇大宮司のなかで、全国的な内乱や社会的抗争に軍事的に関わったのは、平安末・鎌倉前期では惟泰だけである。また、惟泰以後の鎌倉期の大宮司は、後述するように、阿蘇社領においても目立った軍事行動は起こしていない。地方寺社勢力として軍事権門的な行動が本格的に活発・顕著化するのは、十四世紀内乱期（南北朝内乱期）の惟時《これとき》・惟直《これなお》・惟澄《これずみ》・惟村《これむら》ら以降である。

建久六年（一一九五）六月二十七日には、官宣旨《かんせんじ》（壬生文書。『大宰府・太宰府天満宮史料巻七』）が大宰府《だざいふ》に出された。内容は、阿蘇大宮司の身をすみやかに召喚し、非法行為の張本人と対決させるよう命じたものである。「姓資□□□知らず」とあり、このときの大宮司が誰なのかはわからない。ここでの非法行為とは、目代実景《もくだいさねかげ》の身のまわりの物を奪取したり、前右大将家政所下文を偽作したり、前兵衛佐すなわち源《みなもとのよりとも》頼朝の花押《かおう》を偽作したりする行為である。史料中に欠字があり、非法行為をしたのが誰かははっきりしないが、大宮司を召喚して対決させているということは、阿蘇氏や阿蘇社の関係者だった可能性が高い。

おりしも、阿蘇社は大宮司の代替わりや、阿蘇社領の「片寄《かたよせ》」（田地や坪付けの固定していない浮免を整理して片寄免田とすること）実施の微妙な時期にあたっていた。大宮司も惟泰に比定するのが順当だろうか。惟泰から惟次への大宮司交替にあたり、阿蘇社内部で主導権をめぐる対立があったことはすでに指摘されている（工藤二〇〇六）。

北条氏と主従関係を結んだ惟次

惟次は建久七年（一一九六）六月十九日付けの阿蘇社領家下文（神社一）によって大宮司に任じられた。この文書は、阿蘇三社の中司《なかつかさ》・氏人《うじびと》・祝部《はふりべ》・供僧などに下したもので、袖判は領家の源定房、末尾には領家政所の花押がある。阿蘇三社は、阿蘇・健軍両社に甲佐社を合わせたものである。ほどなくして、八月一日に北条時政から阿蘇社大宮司補任状（阿一〇）が出され、十二月朔幣《さくへい》と上分稲《じょうぶんとう》（初穂米。神仏に貢納する米）は大宮司の沙汰であることが確認されている。

惟次は、前年正月十一日に、南郷が「往古の屋敷」であることから時政より別納としての支配権を

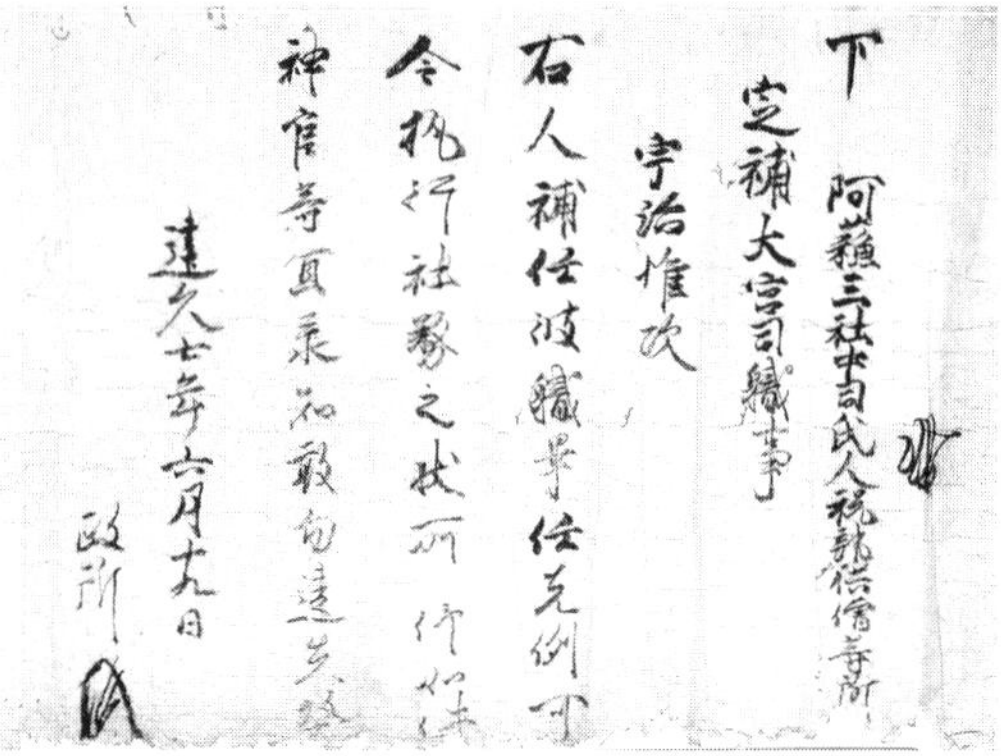

下　阿蘇三社[illegible]
定補大宮司職事
宇治惟次
右人補任彼職畢任先例可
令執行社務之状所仰如件
神官等宜承知敢勿違失故
建久七年六月十九日
政所

建久７年６月19日阿蘇社領家下文　阿蘇神社蔵

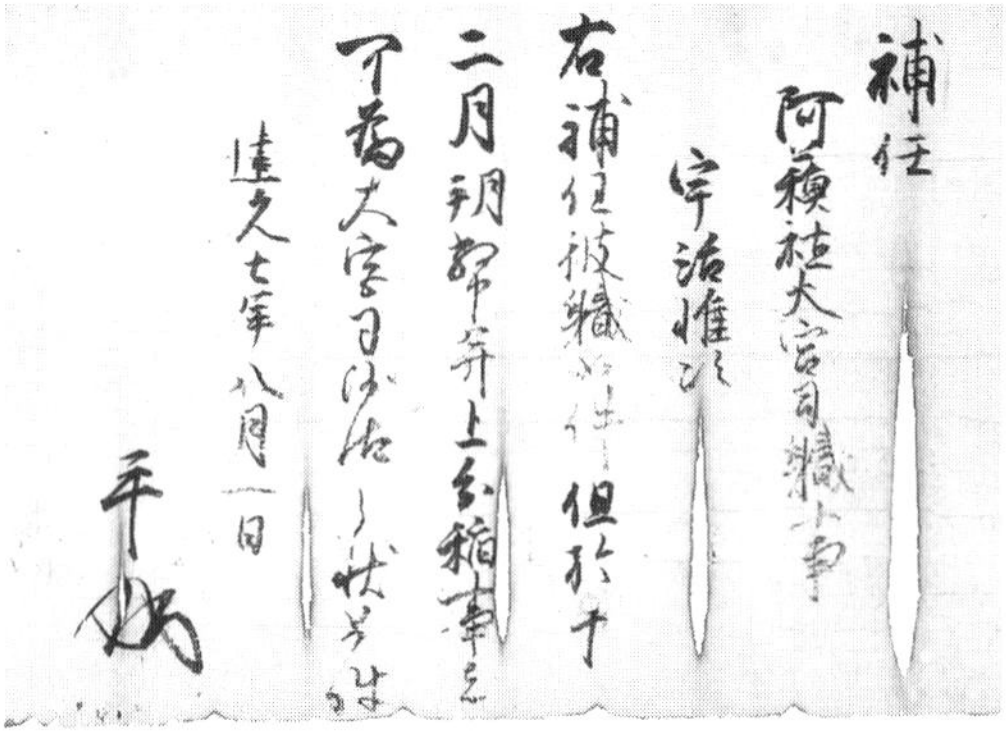

補任
阿蘇社大宮司職事
宇治惟次
右補任彼職如件、但於十
二月朔幣并上分稲事者
可為大宮司沙汰之状如件
建久七年八月一日
平

建久７年８月１日北条時政阿蘇大宮司補任状　阿蘇文書
熊本大学附属図書館蔵

認められ、阿蘇社司・神官たちにこのことが伝達された（阿六）。同五年の宣旨によって、阿蘇荘をはじめ健軍・甲佐社領の片寄がおこなわれているので、これを受けての安堵だったと考えられる。同九年七月二十九日には、大宮司惟次の差配で社殿を造営をするよう、三社神官に阿蘇社領家下文が出されている（阿一一）。このように、鎌倉幕府の成立後、阿蘇社領には北条氏の支配が及び、惟次が大宮司職とその権限・領地を保証されていたのである。

前大宮司惟泰は、正治二年（一二〇〇）十二月十四日に、「新大宮司」惟次に対して、先祖相伝の私領田畠や阿蘇郡南郷の村々を譲与した。実は、この年の四月十五日、宇治惟継を大宮司に任じた阿蘇社領家下文が出され（阿一二）、阿蘇三社の沙汰人・祝・供僧たちに布達されている。下文によれば、惟次は任期満了により大宮司職をいったん退位させられ、「他人」がついだが、供僧や祝たちの訴えによって返り咲いたという。惟泰が「新大宮司」惟次と表現したのもそのためだろう。

大宮司職の任期制は、初期の頃にはあったかもしれないが、正式補任からわずか四年足らずの間に解任され、復位するというのは不可解である。正治二年四月十五日までの間に、大宮司職をめぐってなにが起きていたのだろうか。

解任したのはまぎれもなく領家のほうで、これに供僧や祝らが反発して訴えたので還補《げんぽ》したというのが事実だろう。前年正月に源頼朝が没して頼家《よりいえ》が後継となり、幕府内では権力闘争が激化したため、混乱の合間をねらっての解任劇だったのかもしれない。「他人」というのは、大宮司一族以外というニュアンスが強く、それも阿蘇社とは本来関わりの薄い人物だったのではないだろうか。仮名《けみょう》（本名を隠し、仮につけた名前）もなく、あえて名前を伏せたところに領家の意図が感じられる。北条氏と領家の確執があったのかもしれない。惟次の再任を受け入れなければならなかったことは、領家にとって、大宮司補任における主導権の喪失を意味したことは明らかである。

こののち、惟次は義時《よしとき》をはじめ代々の北条氏から大宮司職を安堵されている。このうち、承久二年（一二二〇）九月十四日付けの北条義時下文（阿一九）をみると、いくつか注目されることがある。
（花押）（義時）

下す　　宇治惟次の所
　早く所帯・所領などを領掌すべきこと
　　阿蘇社大宮司職　　中村　　下田　　永野　　世田村　　荒木
　　上久木野　　下久木野　　大野　　柏　　草部
□□（右職）所領など、去る建久七年正月□（二十）三日ならびに正治二年十二月十四日親父□（惟）泰の譲り状に任
せて、相違なく安堵せしむべきの□（状）件《くだん》の如し

一つは義時の袖判がすえてあること、二つめには、大宮司職と南郷の村々がセットで安堵されていること、そして三つめは、建久七年正月二十三日付け・正治二年十二月十四日付けの惟泰譲状による安堵だと記されていることである。袖判は、北条氏と阿蘇大宮司家のいわば主従制的関係を示し、大宮司職と村々セットでの安堵は本領安堵形式である。建久七年正月二十三日付けの惟泰譲状は写さえ伝来していないが、領家の下文を無視し、二通の惟泰譲状を根拠とすることで、強固な紐帯を表現したといえよう。惟泰は、建久七年正月十一日付けの北条時政下文を追認するかたちで譲状を発給したことになる。

　この下文以降、惟次に対して、北条義時から①承久三年十一月十五日付けの下文（阿一一〇）、②年未詳四月一日付けの書状（阿一一一）、③年未詳六月四日付けの北条義時雑掌奉書（阿一一二）の三点が出されている。

①は、承久の乱を鎮圧して完全に政治的実権を握った義時が、南郷からの所当米《しょとうまい》八〇石を祈祷料《きとう》として阿蘇社へ寄進するので、「地頭惟次朝臣の沙汰」として下行《げぎょう》し、毎年祈祷を欠かさないように命じたものである。南郷にも北条氏の得分があり、惣地頭北条義時―小地頭阿蘇惟次の関係がはっきりと示されている。

②は、惟次の折紙《おりがみ》（訴状）をもらった義時が、具体的なことはわからないが、社務などについて新儀《しんぎ》（新しいこと）はやめて先例に任せておこなうよう命じた内容である。③は、同じく惟次の訴状を受けて、義時が四ヶ所の狩倉《かりくら》（領主の狩猟地域）について、新儀の沙汰を停止して、「入道殿」＝時政の下知通りにするよう命じている。義時の袖判があり、奉者は義時の家司《けいし》安東忠家《あんどうただいえ》である。宛名の野呂次郎《のろじろう》は、阿蘇谷の預所代官と推定されている（工藤二〇〇六）。四ヶ所の狩倉とは、「おおもり」・「あずまや」・「たかやま」（高山・鷹山）・「ひらた」（平田）のことで、「入道殿の下知」は、建仁三年（一二〇三）十月十三日付けの北条時政裁許状（阿一六）のことである。これも惟次の訴えがきっかけで出されたもので、阿蘇（宮地）四面八丁内の田畠や健軍社の大宮司分佃《つくだ》二町分などでの十郎の子息による妨害を停止している。②と③は、ともに新儀を否定し、旧来の慣行・原則を守るよう命じていることで共通する。

北条義時が関わる文書は、惟次に大宮司職を安堵する以前からみられる。承元四年（一二一〇）三月十七日付けの中原師俊《なかはらもろとし》奉書（阿一七）は、他所の神人・先達たちが阿蘇社領に乱入するのを停止するよう義時に命じたものである。

また、承久二年七月二日付けと推定される義時書状（阿一八）は、阿蘇本社の年貢が建暦元年（一二一一）以降、五ヶ年未進《みしん》（未納）になっているので、御使の有員《ありかず》と守季《もりすえ》の両名を対決させたところ、守季の仕業であり、すぐに償わせたこと、色見《しきみ》・山鳥（高森町）の地頭職については時光《ときみつ》入道を解任し、単なる代官にすること、大般若供米のことについて俊兼《としかね》が自分勝手に沙汰したことはやめることなどを命じている。二点の史料は、幕府との間で阿蘇社領がさまざまな困難に直面していたことをうかがわせる。こうした事態は、甲佐社領でも起こっていた（年未詳六月二十六日付け北条義時雑掌奉書。阿二一三）。

元仁元年（一二二四）六月に義時が他界すると、翌年三月五日、得宗《とくそう》北条泰時《やすとき》から惟次に、承久二年九月十四日付けの故陸奥前司入道殿（義時）の下文に任せて、大宮司職と南郷の村々を安堵する袖判の下文が出されている。惟次は、領家と時政・義時・泰時という初期北条氏嫡流三代から大宮司職を保障されたのであった。

このように、惟次は大宮司職と南郷の村々両方の安堵を通して、惣地頭で預所でもある北条氏嫡流からしばしば命令を受けた。嘉禄三年（一二二七）二月に惟義に譲るまで、約二十年あまりその地位にあったのである。

南郷屋敷はどこにあったか

　ところで、惟次らが居館とした南郷の往古屋敷はどこにあったのだろうか。惟次については、矢部の「浜の館」や岩尾《いわお》城築城の伝承があるが、それを証明する根拠はない。しかし、二十世紀末の二本《にほん》木前《ぎまえ》遺跡（南阿蘇村字中松）や祇園《ぎおん》遺跡（同字一関）の発掘調査により、具体的なことが明らかとなった。『二本木前遺跡』（熊本県文化財報告書第一六七集、一九九八年）と、『祇園遺跡』（同第一八八集、二〇〇〇年）によれば、二つの遺跡は標高約四〇七～四一一メートルで、南郷谷の中央に位置する。一五〇メートル南には白川が流れ、近くには支流の仮川や高木川があって、三方を川に囲まれている。遺跡の周辺には寺院跡や城跡、板碑《いたび》などが点在し、阿蘇谷から阿蘇中岳、南郷谷を経て、南外輪《みなみがいりん》山《ざん》の駒返《こまがえし》峠を越えて「浜の館」へとつなぐ街道が通っている。初期の南郷大宮司館跡の有力な比定地である。

磁州窯系鉄絵酒会壺《てつえしゅかいこ》　熊本県教育委員会蔵

　大宮司の居館は当初、二本木前にあったと推定されている。その後、一〇〇メートルほど道を隔てた祇園遺跡へと移った。建物遺構は、大型掘立柱の建物を中心に三十八棟が確認され、建て替えをしながら数百年間存続していたと推定される。館は、十四世紀中ころには光照《こうしょう》寺《じ》遺跡へと再び移ったと考えられて

二本木前遺跡と祇園遺跡　『祇園遺跡』（熊本県教育委員会、2000 年）より転載

いる。

祇園遺跡からは、白磁《はくじ》・青磁《せいじ》など、十二世紀から十四世紀にわたる輸入陶磁器が出土しており、質は、博多の都市遺跡群出土のものと遜色なく、異彩を放っている。東播系須恵器《とうばんけいすえき》や常滑窯《とこなめ》・瀬戸窯《せと》・備前《びぜん》窯の国内流通品も多数出土している。また、北宋銭を中心に、確認できるだけで一三九枚の銅銭が発見されている。海外製品の多さは、のちの「浜の館」出土品とも共通し、阿蘇氏が早くから海外交易や、交通と深い関わりを持っていたことがうかがえるが、その具体像を明らかにするには、なおも課題は残されている。

いまひとつ事績が不明な惟義・惟忠父子

惟義は、嘉禄三年（一二二七）二月に父惟次から譲状を受け、翌安貞二年（一二二八）九月十五日付けの北条泰時下文（阿二八）によって、正式に大宮司職として認められた。大宮司在位期間は、八年余りである。年不詳だが、建久八年八月一日に大宮司の沙汰が認められた阿蘇社上分稲（初穂米）が石原村で納入拒否されたことを北条氏に訴え、「一国平均の勤役」として怠ることなく納めるようにと、守護である大友親秀《ちかひで》に命じられている（阿三一）。

ところで、歴代の大宮司に惟忠《これただ》を名のる人物が二人いる。先に登場するのが、鎌倉期の惟忠である。もう一人は室町期の惟忠で、分裂していた大宮司家を統一したことで有名である。

鎌倉期の惟忠は、仁治三年（一二四二）十一月十日付けの北条経時《つねとき》雑掌奉書（阿三三）によれば、「阿蘇大宮司太郎惟忠が申すには、亡父惟義の遺領のことについて、故入道殿（泰時）の御時に、次男亀《かめ》熊丸《くまよまる》（惟景《これかげ》）が惟義の譲状に任せて、去る（文暦）二年八月二十七日に安堵の御下文をもらいました。したがって、惟忠は惟義に勘当されたと自称していますが、いまさら論外なことです」とみえる。

惟忠は惟義の長男で、大宮司職に就任したものの、何らかの理由で勘当され、大宮司職を失ったと思われる。文暦二年（一二三五）八月二十七日以前の出来事であった。その後、惟忠は復位を願い出たようだが、認められなかった。

約半世紀にわたって務めた惟景

惟景は、惟義の次男で、幼名を亀熊丸という。惟義から勘当された兄惟忠の跡を継ぎ、文暦二年（一二三五）八月二十七日付けの北条泰時下文によって、大宮司職と南郷の大宮司領を安堵された。仁治三年十一月十日付けの北条経時雑掌奉書（阿三三）のときも、また、翌寛元元年（一二四三）十一月九日に北条経時から社領を安堵されたときも（阿三五）、依然として幼名のままなので、幼い大宮司を支える一族の重臣がいたと考えられる。ただし、二点の経時関係文書は、大宮司職のことについては泰時の下文を典拠にしているが、これまでのように大宮司職と所領をセットにしておらず、所領の安堵のみに重点がおかれた点に特徴がある。亀熊丸があまりにも幼く、大宮司就任を困難とみたか、何らかの軋轢が生じていたようである。

亀熊丸が成人し、大宮司惟景として初めて現れるのは、建長七年（一二五五）十一月七日付けの関《かん》東《とう》御《み》教書《ぎょうしょ》である（阿四三）。惟景から上分稲（初穂米）について訴えがあり、幕府から賦課された一国平均の役を御家人が拒否することは許されないので、早く先例に応じて沙汰するようにと、当時の肥後国守護だった名越時章《なごえときあきら》に命じたものである。阿蘇社への初穂米は一国平均の役とされており、徴収の最高責任者である守護を通して、国内の御家人から集められて上納されていたが、御家人らが意図的に滞納している状況がうかがえる。惟景は、阿蘇社の責任者である大宮司として、具書《ぐしょ》（証拠文書）を添えて訴訟に出たのであった。

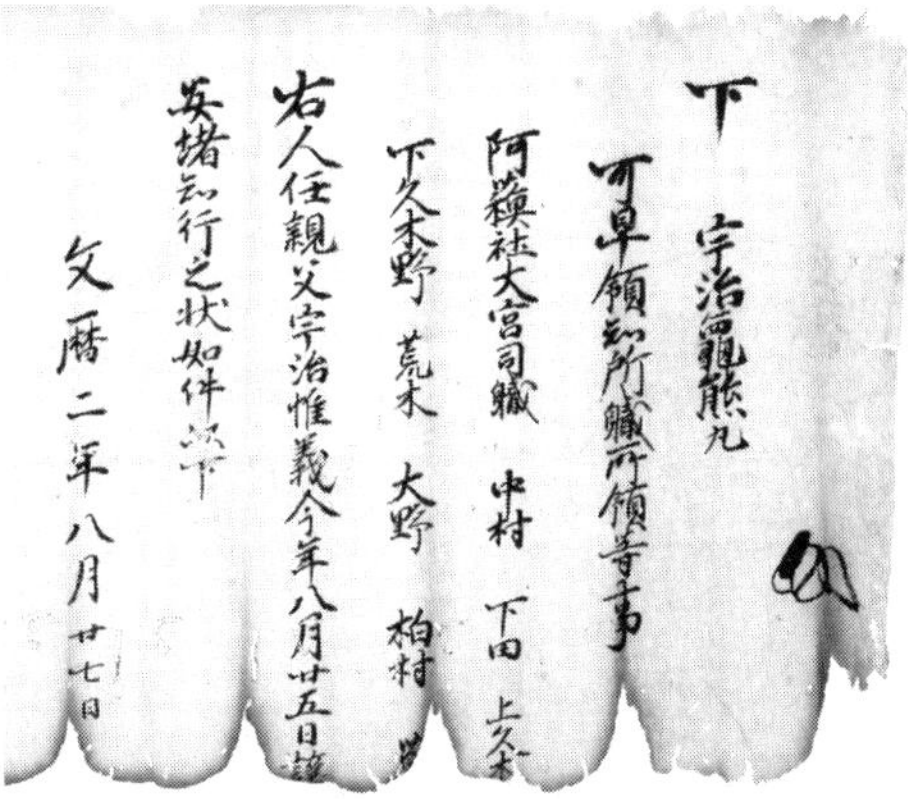

文暦２年８月27日北条泰時下文　阿蘇文書
熊本大学附属図書館蔵

表4でも触れたように、惟景は弘安十年（一二八七）三月二十三日に惟国へ譲るまで、約半世紀にわたって大宮司職を務めた。実際には惟資に一度譲与しており、復位したと考えられる。彼の在位期間にはモンゴル戦争があり、幕府からの祈祷命令などが頻繁にあったと推定されるが、その割には国家的な緊張感をうかがわせるような文書はきわ

めて少ない（仲田系図は、「弘安の役に出兵し功あり」と注記するが根拠はない）。

惟景に関する残存史料は少ないが、二つの特徴がみられる。一つは、惟景から惟国にかけての鎌倉期における大宮司と社家の関係を示す史料である。もう一つは、健軍社および甲佐社関係の史料である。ここでは、前者のなかから山部《やまべ》一族による一連の起請文《きしょうもん》をとりあげよう。

中世の阿蘇社には、全体を統括する大宮司以外に、祭祀や社領支配に関わる「社家」がいた。とくに、十二名の「祝《はふり》」（神官）と九名の権官はその中枢（上級社家）で、祝の代表が一祝《いちのはふり》、権官の代表が「権大宮司」とよばれた。十二名の祝は阿蘇十二神に対応しており、十二宮祝から徐々に上位の祝となった。この十二名の祝を独占したのが山部一族であり、彼らは大宮司とともに外部に対して阿蘇地域を代表する存在であった。ちなみに九名の権官は、天宮《てんぎゅう》祝・諸神《もろがみ》祝・北宮祝・年禰《としね》祝などの摂社の祝や、権大宮司・権擬大宮司・修理検校《けんぎょう》からなっていた。格は神官が上で、拝殿での座席は左座が神官、右座が権官と決まっていた。その他に神宮寺の供僧十五名がいて、上位六人は「殿上《でんじょう》供僧」として神官・権官と同格だった。

大宮司と山部一族の軋轢を示唆する一連の起請文や証文は、次の通りである（すべて写第十八）。

①文永五年（一二七二）九月二十二日付け山部光房《みつふさ》起請文写

②文永五年（一二七二）九月二十二日付け山部光房証文写

③文永九年（一二七六）七月八日付け山部つきよし・くまいぬまろ連署起請文写

④弘安六年（一二八三）十月十五日付け山部つねやす起請文写
⑤正応二年（一二九三）九月二十三日付け山部むねなり起請文写
④までが、惟景時代のものである。いずれも仮名書きで多少意味が取りづらいが、要約して順次示していこう（波線部は筆者による）。

①光房は誓います。大宮司殿は惣官の御身でいらっしゃいますので、祝の身としては愚かに思ったことはございません。ことに光房は、以前から愚かに思ったことはなく、またこのように祝の職を給わっていますので、ますます（大宮司の）御為に後ろ隔てなく、腹黒の儀があるはずがありません。公達《きんだち》（ご子息）の御末の世までも愚かの儀は決してありません。ほかの人が悪事を誘うようなことがあっても、光房は御命に背くことはありません。

②光房は、当宮の祝むねなりが今後訴え申してきて、もし問注《もんちゅう》（裁判）で争うようになったときには、光房が無理をしたならば金凝祝を代える例はないということになりますが（そうではないので）、かの祝を召し返すべきです。後日のために証文を以上の通りに出します。

③山部つきよしとくまいぬまろは連署して誓います。慎んで申し上げます。金凝祝のことは、くまいぬまろを任じるべきですと望み申し上げましたところ、そのようになりました。よって大宮司殿の御事は、もとより愚かに思うこともなく、これより後は、ますますつきよしの子々孫々に至るまで、大宮司殿の公達の御末までも、絶対に愚かに思ったり、命令に背いたりすること

はありません。

④つねやすは誓います。祝はみんな大宮司殿の御進退に従うことは先例ですので、永続につねやすにおいては、おうとの（大殿）の御事と申されることに背き、御命に違うことは決してありません。万一また仰せに背くことがありましたら、たとえ一の祝まで昇進したとして、正体召されても一言も口答えはいたしません。

⑤むねなり（二の祝）は誓います。大宮司殿の御事を不忠・腹黒に思っている人に給分を与えることはありません。ましてや、私としてそのようなことを思うことは決してありません。もし、このことで偽りを言ったならば、阿蘇十二宮大明神の罰をむねなりの身の上に蒙ることに異論はありません。

①で、山部光房は大宮司は阿蘇社の「惣官」であるとの認識を示し、祝は④でつねやすが記したように、みな大宮司の支配に従うのが先例だと述べている。一方で、再三、大宮司の命令に背かないとか、大宮司の子孫にいたるまで大宮司のことを愚かに思わないとか、腹黒の儀は決してないなどと弁明しているのは、実際にはどろどろした対立や暗闘が背景にあったことを意味している。その内容は不明だが、それによって大宮司の後継者選択や子孫の行く末までもが左右されたのである。

これら一連の起請文などから、次のようなことが理解できる。つまり、祝などの任免権は本来、大宮司が有していた。ところが、いつしか社家の立場が強まり、祝らが大宮司の命令を無視し、愚弄するような事態が生じていた。そうした立場の逆転が起こった時期は確定できないが、おそらく大宮司が南郷谷へ本拠を移し、祭礼などへの関与が徐々に薄くなってきたことが背景にあったと考えられる。

さらに、大宮司が譲位後に復位する事例や、後継者が勘当・失脚させられる事例などから、大宮司家内部の動きも影響を与えたと推定される。大宮司にとって、阿蘇社の最高権力者たる地位や権限を喪失しかねない危機的状況にあった。こうした状況を克服し、一二七〇年代以降、大宮司の「惣官」的な地位を社家、とりわけ山部氏に確認させる動きや契機があったのだろう。史料がないので不明だが、惟景から惟国の時期にかけて、大宮司の権威は再構築されたと考えられる。

さて、惟景は惟資に大宮司職と南郷の村々を譲ったが、惟資は早世してしまった。そこで、惟資の息子に譲与することも考えたが、尫弱《おうじゃく》（弱々しい）なので無理と判断し、惟景自身が大宮司職に復位した。その後、弘安十年（一二八七）三月二十三日に本証文とともに大宮司を惟国に譲ったのである（写第十）。

家督争いに巻き込まれた惟国

惟国は、兄の惟資が死んだことで大宮司職を継ぐことになり、弘安十年（一二八七）十月十三日、北条為時《ためとき》下文（阿五四）によって正式に承認された。ただ、これまでの下文と異なり、惟景譲状写「南坂梨一向にこの譲りあたうなり」とあるように、阿蘇谷の南坂梨知行を追認しているのが注目される。

表5　阿蘇惟国の政治的動向

	和暦	西暦	月日	文書名	宛名	内容	出典
①	正応2	1289	5月1日	大友道忍（頼泰）太刀送文	阿蘇大宮司（惟国）	「相模守殿」すなわち得宗北条貞時から大友道忍（頼泰）を通して阿蘇社上宮へ太刀一腰奉納の伝達をうける	阿55
②	正応2	1289	11月5日	宇都宮尊覚（通房）剣馬送文	阿蘇大宮司（惟国）	関東すなわち鎌倉幕府から諸国一宮へ剣と神馬の奉納について、守護宇都宮薩摩入道からの伝達をうける	神社3
③	正応3	1290	2月23日	宇都宮尊覚（通房）奉書	阿蘇大宮司（惟国）	異国降伏の祈祷に精励するように、昨年11月1日の関東御教書、12月6日の施行状につき、守護宇都宮薩摩入道からの伝達をうける	神社4
④	正応3	1290	9月10日	宇都宮尊覚（通房）奉書	阿蘇大宮司（惟国）	変異祈祷に精励するように、7月21日の関東御教書の旨に任せ、守護宇都宮薩摩入道からの伝達をうけ、白布1反・上紙1帖・紙袋1献をうける	神社5
⑤	正応6	1293	5月11日	北条兼時雑掌用途送文	阿蘇社	幕府、阿蘇社に大般若経転読および神楽用途として20貫文納める	阿56
⑥	正応6	1293	6月4日	北条兼時雑掌書状	阿蘇大宮司（惟国）	幕府、阿蘇社に大般若経転読および神楽用途として六ヶ所のうち阿蘇社沙汰進めたが請取状は他の五社とは異なる	阿57
⑦	正安2	1293	6月4日	鎮西採題施行状	守護代	阿蘇社大宮司惟国が申す上分稲について、関東御教書の通りに守護代は催促しなさい	阿59

これは、永野・世（瀬）田村に加えて柏村が大宮司所領から離れることになり、それを補う意味があった。だが、それだけではないだろう。時期と数量は限定的だが、これまでの大宮司と異なり、幕府関係者を通じて史料が目立っている。表5は、惟国の在任期間を推定するため、彼の時期の出来事を列挙したものである。

①から⑥は、二度のモンゴル襲来以後、三度目にそなえて幕府が主導した「異国降伏《いこくこうふく》」の祈祷に関わるものである。⑥から対象となった六社のうち、阿蘇社はほかの五社とは用途の請取状が異なり、

しかも、案文五通を鎌倉へ進上することを惟国に伝えている。⑦は、惟国から申し出があった阿蘇社上分稲について、関東御教書の施行を鎮西探題《ちんぜいたんだい》から守護代に命じている。ここには、北条氏の代官というより、阿蘇社の最高責任者としての立場が鮮明に示されている。

惟国の大宮司在任期間がいつまでだったかははっきりしないが、嘉暦二年（一三二七）三月二十日付けの惟国譲状（写第十）がその手がかりを与えてくれる。柏村を孫の惟有《これあり》に譲与したもので、「前大宮司惟国」と署判しており、この段階では隠居の身であった。しかし、この譲状にはそうとも言い切れない記述がみられるので、おおまかな内容を示そう。

柏村は、惟景の孫で、（兄惟資《これすけ》の子である）九郎惟種《これたね》に譲りました。しかし、彼が罪を犯して闕所《けっしょ》（没収地）となり、わたくし惟国が知行していました。それで、柏村も含めて新しい大宮司に譲与しましたが、惟有は同じ孫なのに不憫なので、柏村を永代譲ることにします。もし、大宮司が柏村に違乱や災いを行ったときには、大宮司職も所領もすべて惟有に譲与することにします。

ここからうかがえる惟国の本音は、惟有に柏村を永代譲与すると言いつつも、大宮司職やその他の所領まで惟有へ譲与してもよいというものである。惟国は、大宮司職を取り戻すだけの強い権限をいまだ有していたことがわかる。この時期の大宮司は惟時《これとき》と考えられるが、これまでと違って、阿蘇文書のなかには譲状や安堵状が現存しない。残された史料からはうかがい知れないような厳しい家督争いが、阿蘇氏一族内につねに潜在していたことがわかる。

『新撰事蹟通考』の著者は、「この譲状あるといえども、惟有は誰の子たるかを知らず。惟国の子は惟時以外に記載なし。北坂梨惟定申状、惟有騒動の事を載せるといえども、その故は不詳。また、惟種もまたその父名を記せず」と記し、疑義を呈している。また、柏村についても要検討である。

祭礼に積極的に関わった惟時

惟国から惟時への大宮司譲状は残っていない。また、北条氏からの安堵下文もない。嘉暦二年（一三二七）三月二十日付けの惟国譲状には、惟時との関係が必ずしも良好だったとは言えないような表現がみられた。では、惟時の大宮司就任の時期はどこまでさかのぼれるのだろうか。

「阿蘇社日記」元応元年（一三一九）十一月十五日条の奥書《おくがき》には、大宮司惟時とある（『神道大系』阿蘇・英彦山所収）。「阿蘇社日記」は、「阿蘇社条々注記写」（写第十三）と同じで、これを信じるならば、元応元年以前に大宮司に就任していたことになる。正中元年（一三二四）と推定される八月十一日付けの北条英時《ひでとき》書状写は、上宮の奇瑞《きずい》について注進があったので、関東祈祷のために神馬《しんめ》一頭の進納を大宮司惟時に伝えたものである。

惟時に関わる文書史料は二〇〇点ほど残っており、幕府滅亡以前の文書は少ないが、祭礼やその負担徴収に関わる記録にしばしば登場する。先の「阿蘇社日記」「阿蘇社条々注記写」の奥書もその一例である。また、「阿蘇社年中神事次第写」「阿蘇社年中神事次第写（前欠）」（ともに写第十九）には、おおよそ次のように記されている。

十一月二十日の臨時の祭は、惟時の御願として元弘年間からはじまり、南郷下田郷から年貢のうち六斛《こく》六斗八升を下宮へ寄進し、同時に神馬を立てます。宮人の饗膳二升盛、年貢のうち肴は暑預芋、大野・柏・草部三ヶ所の役です。一御宮へ三斗五升、二御宮へ三斗五升、そのほかの十社に一石五斗、北宮へ八斗、諸神宮へ一斗五升、鶴原へ一斗五升、中王両社へ二斗、矢村宮へ一斗五升、御甘酒分として八升が検校へ給与されます。残った二石九斗五升は、酒料として権大宮司が請け取ります。このとき、流鏑馬《やぶさめ》十七番が恒例行事として実施され、的板は大野・柏・草部三ヶ所の役です。供僧の役として仁王経《にんのうぎょう》講読があります。

このように、十一月二十日の臨時祭礼は、惟時の御願としてはじまったもので、主たる費用は南郷下田からの年貢で充当したと記している。元弘元年（一三三一）に、惟時がどのような理由で祭礼をはじめたのかについての記録はないので、事実かどうかの検証は必要である。仮に、祭礼がおこなわれたことが事実ならば、大宮司主導の祭礼創設として注目される。

元亨元年（一三二一）三月三日付けの「阿蘇社進納物注文写」（写第十三）は、文明四年（一四七二）八月日の書写とあり、二十七ヵ条からなるが、冒頭部分に次のようにある。

一、三十三年に一度、当国へいきん（平均）にむなべつ（棟別銭）を徴収して、神の具足をあらため（新調）するしたい（次第）の事の細目は、以上の通りです。

これは、三十三年ごとに肥後国の家屋に棟別料を課して、その費用で神具を新調するという内容である。次の項に、男体七体分の神具、女体五体分の神具の詳細が記されている。

春田直紀氏が指摘するように、「阿蘇文書は中世帳簿の宝庫」で、多くは阿蘇本・末社領と造営・祭礼に関わる内容である（春田二〇〇六）。鎌倉後期、阿蘇・健軍・藤崎の三社を対象に、三十三年に一度の神宝の調進が国衙の責任で果たされ、それを公武政権が支える体制がとられていた。しかし、鎌倉末期にはその実効性は危機に陥っており、元亨元年の注文写の内容も、どこまで実効されたかは検証が必要である。

ここでは、こうした帳簿がこの時期に作成されたことが重要になる。これまでの研究では、惟時の内乱期における政治的な活動が注目されてきた。惟時の動きの基底には、北条氏支配下にあっても、阿蘇社領支配や祭礼に関する統治意欲、旧来の権利を守護しようとする志向の強さがあったのである。

こうした惟時の祭礼への積極的な関わりを示すものに、下野狩の規式を定めた例もあげられる。飯沼賢司氏は、『下野狩日記』にみえる惟国や惟時の口伝《くでん》の記録に注目し、下野狩の規式が惟時の代に再編成されていることに着目している（飯沼編二〇一二）。これについては個別的な証明を要するが、ここでは、下野狩関係の史料に惟時の名がしばしば登場することを指摘しておきたい。

第二部　大宮司家の分裂と南北朝内乱

第一章　功罪あわせもった十四世紀内乱

複雑な過程をたどった阿蘇氏にとっての内乱

阿蘇という一地方で、宗教的な権威を帯びた在地領主的存在にすぎなかった阿蘇大宮司一族にとって、十四世紀の政治的・社会的混乱は予期しない事態を招き、彼らの存在をあらためて知らしめることになった。鎌倉幕府の滅亡から建武政権の成立と崩壊、六十年近くの内戦へと連続する十四世紀内乱が、阿蘇社や阿蘇氏、その傘下にあった人々、周辺の人々にどのような影響を与えたのか。屋上屋を架すことになるが、これまでも諸研究で取りあげられてきたことなので、たどってみたい。

その際に、注意すべきことが二つある。第一に、阿蘇社や阿蘇大宮司と中央の朝廷や公家といった都市権門や、鎌倉幕府に代わって成立した室町幕府との関係はどうだったのかということである。第二に、大宮司家を中心とする一族にもたらした功罪である。とりわけ、阿蘇氏はこの十四世紀内乱を通して深刻な分裂を繰り返し、それは内乱終結後も継続した。結論的になるが、分裂は次の四つの段階に分けることができる。あらためて整理してみよう。

第一段階は、多々良浜《たたらはま》合戦で反足利尊氏《あしかがたかうじ》の立場をとって自害した大宮司惟直《これなお》やその父惟時に対して、尊氏が阿蘇氏一族から大宮司を擁立したことである。これは、阿蘇氏惣領家に対して一族庶子が敵対し、軍事衝突に発展する深刻な内部分裂を招いた。

第二段階は、尊氏が擁立した大宮司孫熊丸《まごくままる》の滅亡後に露わになった、前大宮司惟時とその娘婿といわれる恵良惟澄《えらこれずみ》の対立である。父と義理の息子という、惣領家の内部対立だった。ここから、大宮司の血統は惟澄系にかわる。

第三段階は、惟時が、惟澄に代わって惟村《これむら》を後継者に指名したことで生まれた、惟澄一族内の対立である。惟澄と惣領家を継承した惟村という、本来は惣領家傍系である親子の対立だった。

第四段階は、惟澄が惣領家傍系の親子対立を解消しようとしたが、兄弟の対立から二人の大宮司擁立にいたったことである。それぞれが大宮司職を世襲し、対立は長期化・泥沼化してしまう。これまであまり注目されてこなかったが、こうした阿蘇家の分裂状況の増幅・固定化の背景には、内乱末期に幕府の九州支配を担った、今川了俊《いまがわりょうしゅん》の計略が大きく影響していたと考えられる。

以上、略述した過程・段階は、内乱の展開と即応している。以下、このことに注目しながら見ていくことにしよう。

惟直の大宮司継承と鎌倉幕府の滅亡

惟時が惟直に大宮司を譲位した期日は、譲状が残っていないので明確ではない。『博多日記』では、元弘三年（一三三三）三月十三日に菊池武時《たけとき》が鎮西探題北条英時の館を攻撃して敗死したとき（筑紫合戦）、攻撃には阿蘇大宮司も参加していたと記している。ここからは、元弘三年三月以前の段階で、大宮司惟直が誕生していたことがわかり、この時期の惟直への譲位は、政治情勢が大きく作用したと推定される。

筑紫合戦は、九州における鎌倉幕府崩壊のさきがけをなす事件だったが、敗北によって阿蘇氏は危機に陥った。三月十六日、鎮西探題からは金沢《かねさわ》北条一族の規矩高政《きくたかまさ》が、肥後の地頭御家人らを動員して二十五日に大宮司館に攻め寄せ、火を放った。幸い、焼亡はまぬがれたものの、阿蘇荘内の在家《ざいけ》などが焼き払われている。

惟直らは、日向の鞍岡山《くらおかやま》（宮崎県西臼杵郡五ヶ瀬町）に避難した。現在でこそ国道二六五号線が通るが、一歩山のほうへ入ると、土地勘がないと方角がわからず、当時、鞍岡へ向かう道筋は、「ススレコヘ」「八王キャウ」「マメアシ」などと記された難所であった。『博多日記』には、日向国柴原・桑内の二人が探題軍の道案内になり、二十九日の早馬の報告では落城させたとある。柴原は、阿蘇文書にもみえる芝原氏であり、この一族には高知尾《たかちお》荘の芝（柴）原性虎がいる。桑内は、五ヶ瀬町に桑野内があるので、現地に在住する人物だろう。現地の「秘密の案内人」がいなければ、追跡不可能な地であった（『宮崎県史』通史編中世）。鞍岡には祇園社が勧請《かんじょう》され、現在でも七月十五日には災厄を除く牛頭《ごず》天王《てんのう》の祭礼がおこなわれている。

『博多日記』には、さらに注目すべき記述がある。鞍岡山には大宮司が知行する「隠れ村」があり、城内には五十人、そのほか五〇〇人あまりの軍勢がいたというのである。「隠れ村」の存在がいつまで遡及できるのかは不明だが、国境を越えていることは注目される。少なくとも、北条氏支配下の体制では把握されていなかったのではないだろうか。国境地域での中世的な荘郷体制の形成を考えるうえで興味深い。

言うまでもなく、「隠れ村」の存在は、鞍岡地域にも阿蘇大宮司の支配権がある程度強く及んでいたことを示している。鞍岡は、北条氏によって安堵された大宮司の根本知行地の一所である大野からさらに奥にあり、それは戦国期まで継続していた。もちろん、こうした「隠れ村」は、当時の農民たちの「隠田《おんでん》」との関わりも想定でき、山間部における領主と百姓の関係を考えるうえでも格好の素材である。

ところで、ここまで『博多日記』の記事を根拠に、大宮司惟直は、元弘三年に菊池氏とともに鎮西探題北条英時の館を攻撃したと述べてきた。しかし、『太平記』には英時館の攻撃に際し、菊池武時が阿蘇社に参詣して祈願したことは記されるが、惟直の行動については記述がない。はたして、惟直は館の攻撃に参加したのだろうか。というのも、正平三年（一三四八）の恵良惟澄軍忠状（阿一二二）の冒頭には、次のように記されているからである。

元弘三年、惟直とともに金剛山《こんごうさん》に参上いたしましたところ、令旨《りょうじ》を下賜されましたので、備後

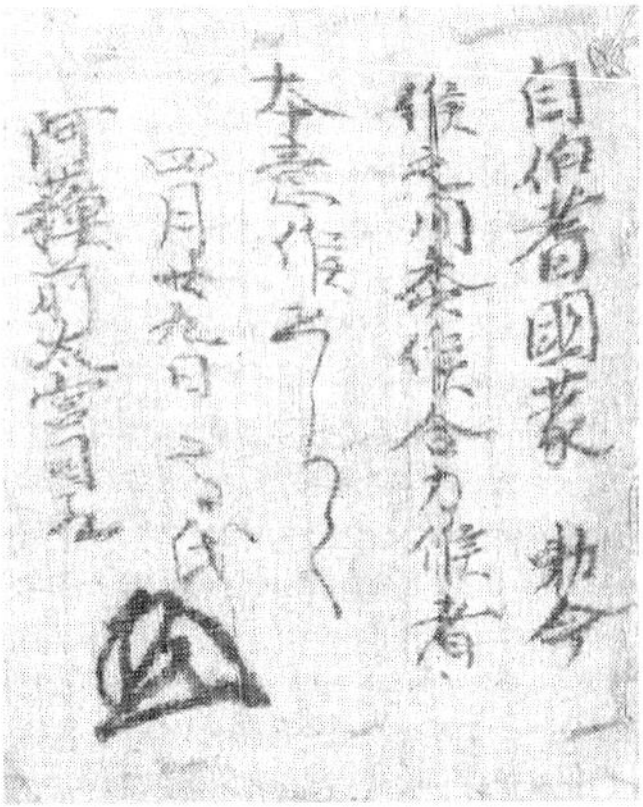

元弘3年4月29日足利高氏軍勢催促状
個人蔵

国の鞆浦《とものうら》から下国し、阿蘇郡鞍岡合戦に参加して負傷して以来、（後略）

すなわち、惟直は惟澄とともに金剛山（大阪府と奈良県にまたがる山。海抜一一二一メートル。西麓に千早《ちはや》城址がある）へ馳せ参じたが、後醍醐の息子尊雲法親王《そんうんほうしんのう》（還俗《げんぞく》して護良《もりよし》親王）から令旨をもらって帰国し、鞍岡山で鎮西探題軍と合戦したというのである。筑紫合戦には直接関与していないが、本文書を信じるならば、鎮西探題軍から攻撃された理由は、菊池氏に味方して幕府へ反旗の意志を示したことが原因ということになる。

惟時に届いた足利尊氏の軍勢催促状

元弘三年（一三三三）四月二十九日、足利高（尊）氏（以後、尊氏）から前大宮司惟時に宛てて、軍勢催促状がもたらされた。縦七センチメートル、横六・七センチメートルの絹の小切れに書かれたものだ。催促状には、「伯耆の国（船上山《せんじょうさん》）より勅命《ちょくめい》（後醍醐天皇から挙兵の命令）をもらいましたので参じました。合力していただけるならば、本意（本望）です」と書かれていた。

わずか二十三文字の催促状は、髻《もとどり》に隠して持参した密書《みっしょ》ということから、「髻の文」とよばれている。『鎌倉遺文』および『鎌倉遺文研究』三十四号（二〇一四）によれば、尊氏が発したこの催促状は、案文や写も含めて全国に十三通が現存し、日付は一点を除き、四月二十五日から二十九日の間である。

　惟時へ出された二十九日は、尊氏が丹波国篠村《しのむら》八幡宮（京都府亀岡市篠町）に願文《がんもん》を捧げて、幕府への叛意を正式に表明した日にあたる。一週間後の五月七日には六波羅《ろくはら》探題を攻撃して北条仲時《なかとき》らを敗走させている。九州では、島津氏に二点、大友氏に一点と、守護クラスの武士たちに発せられており、阿蘇氏が彼らと同等の期待を担う存在と認識されていたことがわかる。また、宛名が判明するなかでは、阿蘇氏が唯一、神職系の武士である。この軍勢催促状が惟直ではなく、前大宮司惟時に宛てられた理由も興味深いところだが、関連史料はない。しかし、この催促状によって、阿蘇氏の九州における政治的かつ軍事的な地位が飛躍的に高まったことは間違いなく、その後の影響は大きかった。

阿蘇氏・阿蘇社にとっての建武政権

　元弘三年（一三三三）五月二十一日、鎌倉幕府は滅亡した。足利尊氏らによる六波羅攻撃、新田義《にったよし》貞《さだ》らによる鎌倉攻略、そして、少弐《しょうに》氏らの鎮西探題攻めで幕府はあっけなく滅び、六月五日、京都に帰った大覚寺統の後醍醐天皇を中心とする建武政権が樹立された。後醍醐は、綸旨《りんじ》万能主義と評されるほどに、綸旨を多く出すことで政権の求心力を高めようとはかっていく。

　阿蘇氏に対しても同様で、惟直は、三年あまりの短い大宮司在位期間内で、七通の綸旨を受け取っ

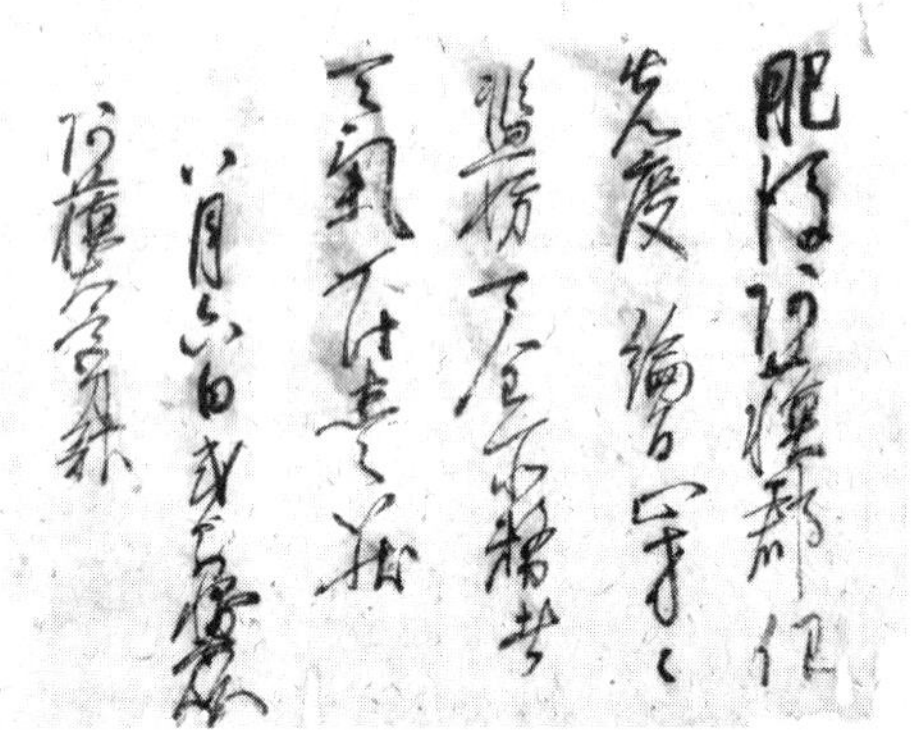
（元弘３年）８月６日後醍醐天皇綸旨　阿蘇文書
熊本大学附属図書館蔵

ている。惟直関係文書は管見の限り十一点で、発給文書はなく、その他の四点は、雑訴決断所牒《ざっそけつだんしょちょう》二通、藤原光継《みつつぐ》書状二通である。つまり、関係文書の大半が綸旨なのである。

惟直に対する後醍醐天皇綸旨のうち、次の三通がよく知られている。きわめて重要な内容なので示しておこう。

①（元弘三年）八月六日付け阿蘇大宮司館宛て（阿七五）
阿蘇郡について、先度の綸旨に任せて、方々の濫妨《らんぼう》を止め、所務《しょむ》を全うしなさい。

②元弘三年十月二日付け阿蘇大宮司館宛て（神社六）
阿蘇郡四至堺（境界）のことは、承暦の国宣に任せて、沙汰をするように。

③元弘三年十月二日付け阿蘇大宮司館宛て（神社七）
甲佐・健軍・郡浦の三社は、本家・領家の号を止め、阿蘇本社に附属して管領するように。

①は、惟直に対して、方々の妨害を排除して、阿蘇郡の所務（支配）を安堵したものである。「先度の綸旨に任せて」とあるように、新政権成立前に約束の綸旨が出されていたことがわかるが、原本・写本ともに現存しない。おそらく、正平二十四年（一三六九）十一月付けの阿蘇惟武《これたけ》申状写（写

第三十三）にみえる、「去る元弘三年四月二日、伯州船上より下さる綸旨」を指すものと思われる。惟武の申状は、続けて「八月六日、十月二日、京都において綸旨下さる」と記す。この年の六月十五日には、所領の領有確認を綸旨によっておこなうとする、いわゆる個別安堵《こべつあんど》法《ほう》が出された。阿蘇氏にはそれ以前に綸旨が下されていて、①によって阿蘇郡の一円支配を認める約諾を確認したといえるのではないだろうか。

②は、阿蘇郡四至堺（境界）を「承暦国宣」、すなわち承暦二年（一〇七八）二月十四日付けの庁宣に基づいて再確認したものである。寛弘八年（一〇一一）二月十一日付けの国宣（写第一）に承暦国宣の記載があり、阿蘇郡四境注文が作成されている。この綸旨から一ヶ月後の十一月四日、雑訴決断所は肥後国衙・肥後国守護所に宛てて、惟直が申している社領阿蘇荘の四至堺について、「承暦国宣」に任せて打ち渡すように命じている（神社八・阿七七）。この雑訴決断所牒のなかで、②と表現が異なるのは阿蘇荘である。「承暦国宣」に記された、阿蘇郡全域が阿蘇荘であるとの惟直の主張・解釈をもとにして、阿蘇大宮司の本主権が建武政権によってあらためて承認されたのであった。

③は、甲佐・健軍・郡浦の三社領の本家職や領家職を停止し、すべて阿蘇本社の管轄下におくという内容である。これにより、大宮司が阿蘇郡をはじめ、甲佐（益城郡）・健軍（詫麻郡）・郡浦（宇土郡）の末社領について、旧来の本家や領家といった荘園領主の関与を否定し、一元的に支配できるようになった。益城・詫麻・宇土三郡の一部とはいえ、大宮司は支配権の拡大を認められたのである。なお、

惟直はほかにも豊後国大佐井《おおざい》（大分市）・筑前国下座郡《げざ》（福岡県朝倉市）の地頭職をも安堵されている（阿七六）。こうした安堵のあり方は、各地でしばしば前領主との紛争を招き、やがては建武政権崩壊の主因となったが、阿蘇社や大宮司の場合は、回復がスムーズにおこなわれた例である。

甚大な被害を蒙った多々良浜の戦い

阿蘇氏と阿蘇社にとって、往古の所領を回復し、本所・領家あるいは鎌倉幕府といった公武権門の呪縛からの解放をもたらした建武政権は、政治の混迷により、あえなく瓦解する。直接的な契機は、得宗北条高時《たかとき》の遺児時行《ときゆき》の反乱と、その対応をめぐる政権内の足並みの乱れであった。とりわけ、足利尊氏・直義《ただよし》兄弟が政権から離反したことは大きかった。後醍醐は、建武二年（一三三五）十一月、惟直と前大宮司惟時に、鎌倉へ一族とともに出陣し、尊氏・直義兄弟を攻撃するよう命じている（阿八八～一九一など）。

尊氏・直義兄弟軍と後醍醐軍は、箱根竹の下（静岡県駿東郡小山町）で衝突した。阿蘇品惟定《これさだ》（北坂梨《きたさかなし》惟定）中状案（阿八〇）によれば、前大宮司惟時は箱根へ向かい、新田義貞の指揮下で戦闘に参加している。十二月二十七日付けの宇治惟時一見状《いっけんじょう》写（写第十）では、一族の上島彦八《うえじまひこはち》（惟頼《これより》）の活躍ぶりが記された。また、建武三年正月二十二日、惟直は後醍醐から豊後国日田《ひた》荘地頭職を恩賞として与えられている（阿九三）。

竹の下で勝利した尊氏は京都を占領したが、西下してきた北畠顕家《きたばたけあきいえ》軍に破れて西走し、二月二十九日に九州へ上陸する。この間に光厳上皇《こうごんじょうこう》の院宣《いんぜん》を受け、三月二日、大宰府の有智山《うちやま》で少弐貞《さだ》経《つね》を撃破した後醍醐方の菊池武敏《たけとし》らの軍勢と、多々良浜（福岡市東区）で一戦を交えた（多々良浜の戦い）。この戦いに、大宮司惟直は弟惟成《これなり》や一族を率いて後醍醐方として参戦した。戦況は『太平記』などに詳述され、尊氏方が勝利を収めて一ヶ月後に東上し、六月十四日、光厳上皇を奉じて再度入京し、八月十五日には光明《こうみょう》天皇が即位した。後醍醐も一時は従ったが、十二月二十一日に京都を脱出して大和国吉野（奈良県吉野郡吉野町）へ向かい、二人の天皇が並び立つ異常な事態となった。

一方、惟直は多々良浜の戦いで深手を負い、肥前天山《てんざん》（標高一〇四六メートル。佐賀県小城市ほかにまたがる）で弟惟成とともに自害した。天山からは阿蘇の噴煙を眺めることができるという。多々良浜では、「家の人三十九人打死」したとも伝わる（永青文庫所蔵『下野狩日記』）。大宮司が戦いで敗れ、負傷して自ら命を絶つという、阿蘇氏はもちろん、阿蘇社にとっても前代未聞の出来事であった。惟直も惟成も若く、後継者も幼かったため、前大宮司惟時の再登場は自然なことであった。二人の後継者を失った惟時には、悲しんでいる暇はなかったのである。

阿蘇大宮司が反尊氏の立場をとったことで、阿蘇社もまた同様に認識され、さらには大宮司の後継者をめぐって、尊氏側からの攻勢に遭うことになった。以下、章をあらためて、内乱の過程と阿蘇氏の動きを追うことにする。

第二章　阿蘇氏と内乱の展開

内乱期に阿蘇文書が多く残るのはなぜか

表6は、南北朝内乱期の阿蘇文書の数を年代順に北朝・南朝別に示したものである。『大日本古文書』阿蘇文書第一巻に収める中世総文書数は三二五点だが、このうち南北朝期の文書は一三七点あり、率にして全体の四二%を占めている。これに西巌殿寺・満願寺などの文書や、年紀を確定・推定できる第二巻の写の文書を含めると、総数は約五六〇余点にのぼる（柳田二〇〇六）。瀬野精一郎編『南北朝遺文』九州編全七巻に収められた文書総数は七一四〇点なので、当該期の阿蘇文書の量がいかに膨大であるかがわかる。まさに、「内乱期の九州の政治情況を知る上でもっとも重要な史料群」なのである（工藤二〇〇〇）。

単純に、南朝・北朝年号別に分けた統計的数値でみると、およそ七〇%以上が南朝・征西府《せいせいふ》関係、三〇%弱が北朝・室町幕府関係である。南北朝期の九州関係文書の数量的分析をおこなった瀬野氏は、南朝・北朝年号別の文書数比率は一対五で、圧倒的に北朝年号文書が多いこと、肥後国関係の南朝年号の文書数は、九州の全南朝年号文書数の半数を占めていること、それでも南北両年号文書の割合は

表6　阿蘇文書南北両朝年次別文書数

西暦	年号	年次別文書数	北朝年号文書	南朝年号文書
1333	元弘3	13		
1334	建武元	9		
1335	建武2	15		
1336	建武3・延元1	8	5	3
1337	建武4・延元2	8	0	8
1338	暦応元・延元3	10	1	9
1339	暦応2・延元4	0	0	0
1340	暦応3・興国1	4	0	4
1341	暦応4・興国2	17	2	15
1342	康永元・興国3	20	0	20
1343	康永2・興国4	9	3	6
1344	康永3・興国5	13	7	6
1345	貞和1・興国6	17	2	15
1346	貞和2・正平1	12	0	12
1347	貞和3・正平2	51	3	48
1348	貞和4・正平3	38	5	33
1349	貞和5・正平4	31	11	20
1350	観応元・正平5	38	17	21
1351	観応2・正平6	12	5	7
1352	文和元・正平7	17	0	17
1353	文和2・正平8	8	0	8
1354	文和3・正平9	3	0	2
1355	文和4・正平10	0	0	0
1356	延文元・正平11	5	0	5
1357	延文2・正平12	3	0	3
1358	延文3・正平13	2	0	2
1359	延文4・正平14	2	0	2
1360	延文5・正平15	7	1	5
1361	康安元・正平16	25	7	18
1362	貞治元・正平17	18	14	4
1363	貞治2・正平18	4	2	2

西暦	年号	年次別文書数	北朝年号文書	南朝年号文書
1364	貞治3・正平19	5	0	5
1365	貞治4・正平20	5	0	5
1366	貞治5・正平21	1	1	0
1367	貞治6・正平22	7	7	0
1368	応安元・正平23	6	2	4
1369	応安2・正平24	11	1	10
1370	応安3・建徳1	3	1	2
1371	応安4・建徳2	6	4	2
1372	応安5・文中1	8	5	3
1373	応安6・文中2	5	2	3
1374	応安6・文中3	10	3	7
1375	応安7・天授1	14	5	9
1376	永和2・天授2	14	6	8
1377	永和3・天授3	8	0	8
1378	永和4・天授4	1	0	1
1379	康暦元・天授5	12	11	1
1380	康暦2・天授6	2	0	2
1381	永徳元・弘和元	1	0	1
1382	永徳2・弘和2	4	2	2
1383	永徳3・弘和3	2	0	2
1384	至徳元・元中元	4	1	3
1385	至徳2・元中2	7	5	2
1386	至徳3・元中3	3	1	2
1387	嘉慶元・元中4	2	2	0
1388	嘉慶2・元中5	1	1	0
1389	康応元・元中6	1	0	1
1390	明徳元・元中7	0	0	0
1391	明徳2・元中8	0	0	0
1392	明徳3・元中9	2	2	0
	総計	564	147	378

（注）数値は年次推定分を含むので誤差がある

およそ半々であることなどを指摘している（瀬野一九七四）。

このように、阿蘇文書の場合は、南朝年号文書がかなり多く、瀬野氏によれば、九州南朝年号文書の三分の一は、阿蘇文書である。これは、ひとえに内乱期における阿蘇氏への期待の大きさや政治的動向の反映である。年次別の文書数の過多もこれを裏づけている。詳しくは後述するが、惟時および惟澄関係の史料は阿蘇文書だけではないが、二人合わせると約三五〇点、南北朝期の阿蘇関係史料の約六〇%を占めている。

六十年余りにわたる南北両朝の対立・抗争は、おおよそ三期に区分されることが多い。これに九州の様相を加味して区分すると、次のようになる。

Ⅰ期……一三三六～四〇年代前半：両朝の軍事的対立から北朝・幕府優位へ（常陸国関《せき》・大宝《だいほう》城の陥落）

Ⅱ期……一三四〇年代後半～六〇年代後半：観応の擾乱《じょうらん》・幕府分裂から征西府時代へ

Ⅲ期……一三七〇年代～九二年：幕府権威の確立と九州平定から統一へ

以下、全国的な動向を考慮しながら、阿蘇氏の動きを見ていこう。

分裂した阿蘇氏一族

多々良浜の戦いから一ヶ月後の四月三日、尊氏は、九州のことは鎮西管領《ちんぜいかんれい》一色道猷《いっしきどうゆう》（範氏《のりうじ》）らに任せ、京都に向けて出発した。この日、尊氏は次のような将軍家御教書写（写第七）を出している。短文なので、原文全体を書き下しで示す。

肥後国阿蘇社大宮司職のこと、子孫中の名字をもって、これを挙げ申さるべきの状、仰せにより執達くだんの如し、

建武三年卯月三日　　　　武蔵権守（高師直）（花押）

阿蘇大宮司太郎入道殿

内容は、「阿蘇大宮司太郎入道」に対して、死去した惟直の後継者になる大宮司職の候補者を、一族のなかからリストアップして報告するようにとの尊氏の命令である。奉者の武蔵権守高師直《こうのもろなお》は尊氏の執事である。意味は、候補者として推薦された人物を、尊氏が大宮司に補任するというものであった。宛名の「阿蘇大宮司太郎入道」は、架空の人物である（杉本一九五九）。この御教書は、前大宮司惟時やその縁戚がいることを承知しながら、惟時に後継大宮司の指名権を認めないという方針を明示したのだった。つまり、尊氏は阿蘇氏の分断をはかったのだ。

この御教書からわずか二日後の四月五日、阿蘇孫熊丸を大宮司職に補任するという、尊氏の袖判を据えた将軍家下文写（写第六）が出された。阿蘇一族のなかには、尊氏の要請に呼応する勢力もいて、一族ははじめて深刻な分裂を体験することになったのである。

孫熊丸とは、有力一族の坂梨《さかなし》孫熊丸で、その後の経緯から、背後には市下道恵《いちしたどうけい》八郎入道がいたとされるが、この時点で両者を直接的に結ぶ証左はない。共通するのは大宮司家の一族庶流であったこと

である（杉本一九七一・阿蘇品一九九九）。尊氏方の画策と一族庶子家の思惑が一致し、孫熊丸が擁立されたのであった。孫熊丸は、暦応四・興国二年（一三四一）八月九日に大宮司職と所領を弟の乙房丸に譲与している（写第七）。南郷城（所在地不明）の攻防が緊迫するなかで、惟時一族に対抗して大宮司の世襲化を企図したのである。

こうした尊氏方の政略に対抗して、南朝方は前大宮司惟時の誘引・掌握に努めた。建武三・延元元年（一三三六）三月に惟時を薩摩守護職に補任し、さらに尊氏の追討を命じている。わずか三年の間に、先の尊氏からの髻の軍勢催促状とは逆の事態となったのである。

この事態を受けて、惟時はどのように対処したのだろうか。惟時は、翌建武四・延元二年五月に「大宮司宇治朝臣惟時」の立場で、甲佐社に御内郷を寄進している（写第二十九）ことから、この年の早い時期に大宮司職に復帰したと考えられる。十二月三十日付けの征西将軍宮令旨の宛名が「阿蘇大宮司殿」とあることもこれを裏づけよう。大宮司職に復帰した惟時に対して、南朝方は執拗に上洛や大宰府など前線基地への軍事的発向を促し、これに応じない惟時に、時には強い口調で出陣を求めている（延元二年九月三十日付け参議某奉書。写第三）。

後醍醐天皇は、惟時に宛てて十一通の綸旨を発しているが、うち十通は多々良浜の戦い以降である。たとえば、延元三年と推定される三月二十二日付けの綸旨では、惟直・惟成跡の恩賞のことは、上洛したときに所望の土地を与えるので、早く参洛するように促している（写第四）。他方で、同じく延元三年と推定される四月二十七日付けの綸旨（写第三）では、たびたびの上洛要請に応じない惟時を責め、肥後国内の合戦はさしおいて上洛するよう求めている。北畠顕家や新田義貞らの有力武将を相次いで失い、形勢が不利になった焦燥を露わにしている。後醍醐天皇は阿蘇社の勅額について、「還幸のときに京都で沙汰をします」（年未詳十二月三日付け綸旨。写第三）と約束しているが、京都への帰還を果たせないまま、暦応二・延元四年（一三三九）八月に死去した。

後醍醐天皇の死後、南朝方の吉野では、義良《のりよし》親王が即位して後村上《ごむらかみ》天皇となった。後村上も惟時に二十四通の綸旨を発給している。その最初は、延元五年三月四日付けで、甲佐・健軍・郡浦三社を元弘の勅裁に任せて、阿蘇社の管領を認めたものである（神社一〇）。また、六月二十九日には、九州のことについては、征西将軍懐良《かねよし》親王が下向して令旨で命令をするので、九州の輩《ともがら》の吉野への直奏は受けつけないとしている。理由は、吉野は遠いので、吉野と征西将軍の両方からの沙汰は、混乱の基になるからだと述べている。

後村上から惟時に宛てた初期の綸旨の多くは、暦応四・興国二年からその翌年にかけてで、それも同日に複数出されている。このころの九州は、探題一色範氏や少弐氏など、幕府・守護勢力が軍事的に優勢で、南朝方の菊池氏は、暦応元・延元三年の武重《たけしげ》の死後、活動は沈滞化し、惣領の地位も不安定な情況だった。畿内でも南朝方の有力武将が戦死し、東国では常陸小田《おだ》城（茨城県つくば市）や関城・大宝城（茨城県筑西市・同下妻市）が攻撃されて陥落寸前だったのである。こうした情況を背景に、

表7　興国2・3年阿蘇惟時宛て後村上天皇綸旨一覧

	年月日	西暦	内容	出典
①	興国2・4・23	1341	一族ならびに本領・恩賞のこと沙汰あるべし	写第五
②	興国2・4・23	1341	肥後国上使、先の綸旨に任せて存知する	写第四
③	興国3・6・20	1342	阿蘇社領など妨害を止め先の勅裁に任せ知行相違はない	写第六
④	興国3・6・20	1342	阿蘇社領南郷内野尻・二子石両村を先の綸旨に任せて知行相違はない	写第六
⑤	興国3・6・20	1342	軍勢の恩賞のこと、闕所を注進するよう	写第五
⑥	興国3・6・20	1342	阿蘇社領ならびに元弘以来の拝領地の分譲を許す	写第五
⑦	興国3・6・20	1342	薩摩守護領、島津貞久の例に任せて知行相違はない	写第五
⑧	興国3・6・20	1342	隈牟田荘内大友千代松丸跡、守富荘地頭職、惟直・惟成恩賞として知行するように	写第七
⑨	興国3・6・27	1342	阿蘇郡、元弘勅裁に任せて知行に相違はない	写第七
⑩	興国3・6・27	1342	甲佐・健軍・郡浦、元弘勅裁に任せて知行相違なし	写第四

阿蘇氏への期待は否応なく高まっていた。

興国二・同三年の綸旨のほとんどは、基本的には建武政権下での安堵の再確認である（表7）。注目されるのは、②の綸旨で、惟時を守護職と同等の地位である「国上使《くにじょうし》」に任じていることだ。これも、「先度の綸旨に任せて」とあるので、前代の踏襲かもしれない。「国上使」の権限は不明だが、国司や守護職でないのは菊池氏に配慮したのだろう。惟時を中心とする阿蘇氏が、実質上は肥後国を代表する勢力だったことを如実に示していよう。

惟時は、興国二年三月二十一日に満願寺僧都《そうず》御房《ごぼう》に宛てた置文（写第三十二）で、次のように述べている。

　最近の人々の所行を見ますと、理非《りひ》を忘れ、人口の沙汰を憚《はばか》らず、仏陀寄進《ぶっだきしん》を厭わず、神明料田《しんめいりょうでん》を用いず、これを没倒し、万雑公事《まんぞうくじ》（種々の雑税や夫役《ぶやく》）が免除された土地を検断《けんだん》して、押して（力づくで）知行しているようです。

　このようなことは、満願寺は前代の本意を失い、惟時としては罪業になります。そのうえ、私には子孫がいないので、後生《ごしょう》の菩提の憑《たの》みがありません。それで私が死んでから訪れるために、地頭の干渉を止めて一円寄進いたします。寺家のことは師《し》資相承《しそうしょう》（師から弟子へと受け継いで）管領してください。心静かに避状《さりじょう》（譲状）を書き進めます。まずは後々の証のために所存を申しました。

八月三日、惟時は避状を出し、「惟時の後継者は違乱があってはいけない、満願寺は勅願寺《ちょくがんじ》として社家は先例によって勤仕すべきである。まずはこの避状を進めるが、「一統の時」は惟時が綸旨を要請する」などと述べている（満六）。これらの史料は、惟時が自らの心情や思いを吐露した数少ないものである。二人の息子を一度に失い、義理の息子惟澄とは立場を異にする孤独感や寂寥感が溢れ、南朝方からの合力要請にも応えにくい立場がうかがえる。さらに、「一統の時」という言葉には、分裂している一族の再統一を強く願う気持ちもみてとれよう。事実、幕府方が擁立した坂梨氏系大宮司との決戦が迫っていた。

前述したように、坂梨孫熊丸は南郷城での攻防中、大宮司職と所領を弟の乙房丸に譲与した。南郷城攻防戦について、正平三年（一三四八）九月付けの恵良惟澄軍忠状では次のように記されている。

市下八郎入道道恵が、惟時の一族数十人と相語らって敵となり、南郷城に楯籠《たてこ》もりましたので、かの城へ押し寄せて攻め戦ったときに、後ろ控えとして豊後・肥後の大勢寄せ来たので、馳せ向う途中で散々合戦をしました。惟澄と舎弟弥三郎惟賢《これかた》は負傷し、二人とも乗馬を切り伏せられ、一族若党が数多く負傷し討ち死にしました。その後、南郷城を落としたときに、市下八郎入道道恵ならびに大将坂梨子孫熊丸以下六十余りを討ち取りました。

こうして、惟時は幕府をバックとする一族内の敵対勢力の力を削ぐことに成功したのである。

したたかさをみせた惟時の去就

坂梨氏系大宮司勢力が没落した直後は、全国的には康永二・興国四年（一三四三）十一月十一日、常陸国関・大宝城が高師冬《もろふゆ》らの攻撃で陥落し、北畠親房《ちかふさ》らが吉野へと戻った時期にあたる。この時期には、北朝・幕府勢力の優位の下で対立が収束に向かうかにみえた。九州でも、探題一色氏や少弐氏らの守護勢力の勢いが強まり、一色道猷（範氏）は、「菊池武重が死去した後、肥後国中は無為《むい》(ぶ)（平穏）」（年未詳七月二十九日付け一色道猷書状。森本氏所蔵文書）と吐露している。

だが、一三四〇年代後半から、幕府内での足利直義と高師直の対立が観応《かんのう》の擾乱《じょうらん》へと発展し、きわめて深刻な結果をもたらす。九州、なかでも肥後国では、貞和四・正平三年（一三四八）正月、後醍醐の皇子懐良親王が薩摩から宇土津《うとのつ》へ上陸し、御船《みふね》を経て菊池へ入り、菊池一族と合流した。そして、翌年九月には、尊氏の子で弟直義の猶子《ゆうし》直冬《ただふゆ》が備後国鞆浦《とものうら》（広島県福山市）から河尻幸俊《かわじりゆきとし》に先導されて河尻津へ上陸し、佐殿《すけどの》方（直冬党）として一大旋風を巻き起こした。肥後国は、幕府の分裂劇に、南朝勢力を加えた三者の対立構図が凝縮された地域だったのである。南北の対立は、第Ⅱ期「観応の擾乱・幕府分裂から征西府時代へ」と入っていく。

こうした動きに、惟時はどのように関わったのだろうか。ともすれば、菊池氏の行動との比較という尺度で捉えられがちだが、ここでは惟時の行動意志をメインに迫ってみよう。

坂梨氏系大宮司の没落から、惟時が逝去したと考えられる文和二・正平八年（一三五三）までは、わずか十数年でしかない。すでに指摘されていることだが、この間、惟時の政治的立場・去就がどのように変化したのかを、表8から確認してみたい。

①康永三・興国五年（一三四四）十月下旬の段階では、征西将軍から惟時は幕府方であるとの認識が示されている。惟時は、数年前から南軍による再三の発向要請に応じておらず、この年三月には、少弐頼尚《よりひさ》から所領安堵についての書状や預け状が集中的に出されている。そして、八月に入ると、はじめて使者（伊津野《いづの》師法橋《そちのほっきょう》定誓《じょうせい》）を派遣し、幕府奉行所に対して、阿蘇四ヵ社領の安堵について申請し、接触を図っていた。前年四月二十一日付けの足利尊氏御教書案によれば、大友氏泰《うじやす》に対して、「阿蘇前大宮司」惟時が味方になって忠節をすれば、所領のことは安堵するという意向が伝えられていた（大友家文書録三号）。

②からは、貞和四・正平三年（一三四八）十一月、南朝からの執拗な要請に惟時が応じたことがうかがえるが、その胸中は懐疑的であった。前述したように、この年の正月、懐良親王一行は宇土津に上陸し、惟時に迎えを求めたが無視され、惟澄に先導されて御船へ到着した。もっとも、惟時は二月

表8　阿蘇惟時の政治的動向

	和暦	西暦	月日	文書名	宛名	内容	出典
①	興国5	1344	10月28日	征西将軍令旨写	恵良惟澄	大宮司惟時が朝敵（幕府方）に属したと聞いている	写第五
②	正平3	1348	11月27日	後村上天皇綸旨写	清次官（五条頼元）	惟時がすでに味方に参ったと申しているが、どのようなものか仰せがあった	写第四
③	正平4	1349	9月3日	五条頼元書状写	宛名不詳	社務（惟時）が味方になるのが遅くなっているのは無念である	写第六
④	貞和5	1349	9月20日	足利直冬書状写	阿蘇大宮司（惟時）	（惟時が味方に）参るとの使者到来した。悦ばしいことだ。社領などのことは保証する	写第六
⑤	正平4	1349	9月26日	五条頼元書状写	恵良筑後権守	社務（惟時）のこと、（味方に復帰するというのは）誠にめでたいことである	写第五
⑥	正平4	1349	10月5日	後村上天皇綸旨写	恵良筑後守	惟時が味方に参ると聞いた、もっとも神妙である	写第五
⑦	正平4	1349	10月28日	征西将軍令旨写	恵良筑後権守	惟時が去年味方に参るというので綸旨を下したが、再び朝敵に属した	写第五
⑧	（観応元）	1350	7月18日	高師直感状写	阿蘇大宮司（惟時）	九州のこと忠節致したと承っている。めでたいことである	写第七
⑨	貞和6	1350	9月23日	仁科盛宗書状写	阿蘇大宮司（惟時）	先月27日、今月6日の（あなたからの）注進状や書状のことを（直冬に）披露しました。豊前国の敵を退治するために発向、めでたいことです	写第七
⑩	正平5	1350	11月8日	五条頼元言上状写	頭弁	惟時が10月に味方に参りましたので、阿蘇以下四ヶ社領の安堵を申請します	写第四
⑪	観応2	1351	2月19日	足利直義御教書写	阿蘇大宮司（惟時）	惟時の忠節を褒します	阿一四一
⑫	貞和7	1351	3月29日	左衛門蔵人某感状写	阿蘇大宮司（惟時）	豊後に馳せ越しての忠節は神妙である	写第七
⑬	正平7	1352	11月9日	洞院実世書状	阿蘇大宮司（惟時）	色々と注進のこと沙汰致しました。詳細は河越政俊を派遣します。深く信頼しています	写第四

に懐良らと面会しており、まったく交渉を断っているわけではなく、最低限の礼儀は尽くしている（五条頼元《ごじょうよりもと》書状写。写第四）。だが、惟時は依然として味方にならず、懐良らを失意させ（③）、貞和五・正平四年（一三四九）九月には、直冬が河尻幸俊に導かれて肥後入りし、情勢はますます混迷した。

直冬は当初、「京都よりの仰せを受けて下向した」（志岐文書。写第六）といって軍勢を集めたので、惟時も応じたのだろう（④）。そして、九月二十日に幸俊ともども阿蘇社に願文を捧げた。幸俊は、天下の静謐《せいひつ》、四海《しかい》の泰平《たいへい》、尊氏・直義の息災延命《そくさいえんめい》、直冬の心中所願円満を願い、阿蘇荘などを寄進している（阿一二七）。こうした京都＝幕府、そして尊氏・直義のことを引き合いに出す誘引は、惟時の心をおおきく揺り動かしたといえよう。

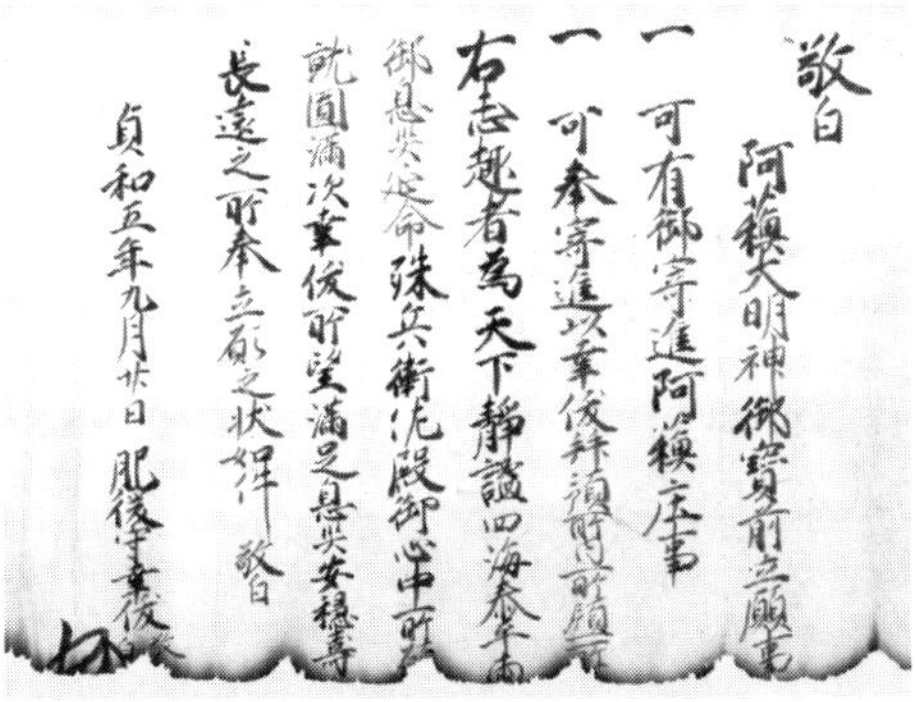

貞和５年９月20日河尻幸俊願文　阿蘇文書
熊本大学附属図書館蔵

⑤・⑥・⑦は、惟時の去就に翻弄される南朝の焦燥感が示されている。十月二十八日、ついに征西将軍は惟時に対し、「去年味方に参るというので綸旨を下したが、再び朝敵に属した」と立腹した。これとは対照的に、直後の観応元年（一三五〇）七月十九日、「肥後国一宮阿蘇社・同健軍・甲佐・郡浦四ヵ社のこと、一円神領として知行し、天下の静謐のために祈祷に励むよう」という将軍家御判御教書がはじめてだされている

⑧。しかも、宛名は「阿蘇大宮司」とあり、惟時はこのときはじめて幕府から大宮司と承認された公文書を受給したのである。

しかしながら、⑨・⑫は、貞和六・同七という独自の年号を使用した直冬の立場を示すように、九州では直冬勢力が強く、尊氏・直義双方の勢力の抗争はふたたび激しくなった。三月、直冬は鎮西探題に任じられたが、これに一色氏が不満をもち、情勢は複雑化する一方となる。

直冬が探題に就任する直前の観応二・正平六年（一三五一）二月十八日、惟時は「阿蘇三社大宮司宇治朝臣」の名で突然、孫の丞丸（後の惟村、惟澄長子）に宛てて譲状を書いた（写第十）。

惟時は、阿蘇・健軍・甲佐・郡浦の四ヵ社領、矢部・砥用・津守保、それに筑前下座郡惣領分・豊後国大佐井郷地頭職を、惟時が有する綸旨・令旨などの代々の証文を添えて譲与している。さらに、現在知行している土地はもちろんのこと、不知行の荘園などは綸旨などの証拠書類をもって訴訟するようにと命じ、神事祭礼、修理造営はきちんと勤めるようにと述べた。この譲状で、惟時は南朝年号を使用しているが、それは彼が南朝へ与したのではなく、おそらくは了解を得ることなく、惟澄の長子を後継者に指名したことへの配慮だろう。事実、三月には直冬から豊後での軍功を賞されている。

しかし、直後の貞和七年四月二十八日付けの直冬御教書を最後に、幕府関係者から惟時への接触はみえない。尊氏や義詮が京を離れ、十月には南朝へ降伏し、いわゆる「正平一統《しょうへいいっとう》」が成立する情勢の急展開が背景にあったからだろう。

その代わりというわけではないが、南朝方から、惟時に対して引き続き誘引をおこなっている。ただ、⑬正平七年（一三五二）十一月九日付けの洞院実世《とういんさねよ》書状（写第四）に、「色々と注進のこと沙汰致しました。詳細は河越政俊《かわごえまさとし》を派遣します」とあるように、惟時から使者が比較的頻繁に派遣されているのは、これまでの惟時の作法とは異なっている。しかも、鎮西のことは重大事なのに、「路次が難儀なので公私をさしおいているのに、惟時からの使者能政《よしまさ》を遣わしたことは神妙である」（同七年十一月十六日付け洞院実世書状写。写第四）というものだった。ここには、厳しい中での使者派遣と情報提供を引き替えに、どこにも与せず安定を獲得しようとする、惟時のしたたかさが現れている。みずからの余命を悟った惟時の、最善の策だったことは確かである。

惟時の逝去がもたらしたもの

惟時の活動を知りうる最後の史料は、正平十一年（一三五六）六月付けの恵良惟澄申状案（阿一五二）である。筑前国下座郡と豊後国大佐井郷について述べた部分に、次のような記述がある。

大佐井郷は小所なので、九郎惟成《これなり》に宛行われました。（中略）正平八年、惟時は飯盛《いいもり》城退治のため、在津（博多滞在）のときに一族に配分し、以前と同様の知行に変わりはありませんでした。

これによれば、惟時は文和二・正平八年（一三五三）、筑前飯盛城（福岡市西区）攻撃のために、博多に赴いたことがわかる。ここで阿蘇氏の有する恩賞地の配分を再確認し、一族の結束を固めたようだ。これは、惟時の他界時期＝文和二・正平八年の推定根拠でもある。こうして、歴代大宮司の中でも光彩を放った惟時は、孫に譲位することで阿蘇大宮司家の安泰をはかったのである。

あらためて惟時の行動をみると、これまで指摘されてきたように、特定の勢力に与することはせず、かといって疎遠でもなく、適度の交渉・要請・報告などをおこないながら、独自性を保持していた。これゆえに、惟時を討伐対象とするような命令も出されず、むしろその重要性はますます高まった。これまでは、菊池氏の一貫した南朝方の立場が強調されてきたが、それは後世の視点である。菊池氏でさえも、みずからの存立のために現実的な選択をしたことは、後述する阿蘇品保夫氏の研究で明らかである（阿蘇品一九九〇）。

もちろん、惟時の退場、孫への相続がスムーズに運んだわけではない。次に、惟時の娘婿で、惟村の父である惟澄について述べよう。惣領惟時が死去したことで、形の上では恵良惟澄とその嫡男惟村が対立する形となった。これはまさに、惣領家傍系の惟澄と惣領家を継承した惟村という実の親子の対立であり、阿蘇大宮司の歴史の第三段階に入ったのである。なお、惟時関係文書には、北畠親房や中院義定《なかのいんよしさだ》といった南朝の重臣からの書状が多数あることを付言しておこう。

南朝から抜擢された恵良惟澄

南朝方から惟時の対抗馬として重用されたのが、恵良惟澄である。惟澄が大宮司の地位にあったのは、延文六・正平十六年（一三六一）から貞治三・正平十九年（一三六四）にかけての四年あまりである。惟澄としては不本意だったと思われるが、南朝から補任された大宮司の先駆けであった。

したがって、大宮司としての活動は、それほど目立ったものはない。むしろ、惟澄の存在は、塙《はなわ》保己一《ほきいち》（一七四六—一八二一）が編纂した『群書類従《ぐんしょるいじゅう》』（一八一九年刊）に収載されている正平三年九月付けの軍忠状に象徴されるように、阿蘇氏のなかでも南朝方の立場で精力的に軍事活動をした人物として知られている。他方で、出自など、わからないことも多い人物である。

惟澄に関わる文書史料は、一五〇点以上が確認できる。前述したように、当該期の阿蘇文書はおよそ五六〇点、これに関連文書を勘案すると約六〇〇点以上にのぼるが、惟澄関係文書は実に四分の一近くを占めている。年未詳文書も多いので、ここでその全体像を明らかにすることはできないが、彼の行動や性格、あるいはその変容の過程をかなりの程度うかがうことができる。これまた先行研究ですでに指摘されていることだが、いくつか特徴的なことに触れてみよう。

惟澄関係文書の全体的特徴は、いうまでもなく、彼を重用した南朝関係者からの発給文書の多さである。なかでも、後村上天皇綸旨は十四点、征西将軍宮令旨は三十七点以上と、関連文書全体の三分の一を占めている。さらに、側近の五条頼元・中院義定・四条隆資《しじょうたかすけ》や、氏名未詳の書状も六十点近くにのぼる。このほか、菊池氏関係などを含めると、全体の八〇％以上ということになる。

その一方で、惟澄関係文書のもう一つの大きな特徴は、「軍忠状」や「申状」といった、みずからの活動を積極的に主張し、恩賞などを要求するものが、阿蘇一族のなかではひときわ多いということである。これらをふまえながら、具体的に述べていこう。

惟澄関係文書の初見は、建武四・延元二年（一三三七）と推定される、氏名未詳の惟澄宛て書状である。惟澄の任官（官職）希望について書かれたものだ。初期の惟澄宛て文書は、ほとんどの宛名が「恵良小次（二）郎」であるように、当時、惟澄は無官だった。

惟澄自身はたびたび官途を要求するものの、なかなか実行されず、「筑後権守」をもらったのは貞和四・正平三年（一三四八）三月十八日のことである（後村上天皇口宣案写。写第五）。この年の正月、征西将軍懐良親王一行の肥後入国にあたり、彼らを迎えて御船から菊池へと先導したのが惟澄だったことは先述した。懐良親王一行の肥後入国時まで、おそらく惟時や他の領主たちへの配慮から任官は見送られていたが、もはやその功績を無視することができず、「筑後権守」惟澄が実現したのである。彼が任官を希望したことがわかる前掲文書からみても、実に十一年という長い歳月を要したのだった。

そして、後村上天皇綸旨写（写第五）によれば、翌年十月には権官から正式に「筑後守」になり、あわせて日向国の吏務職《りむしき》の管領も命じられている。このように、南朝から任官された惟澄は、正平三年（一三四八）六月十八日に仮名書きの起請文を提出し、「大との（殿）の御ため（為）にわたくしにみ（身）としても、ふちうはらくろ（不忠腹黒）のき（儀）あるましく候（「大殿」＝大宮司惟時に私として不忠や腹黒い考えはありません）」と言って忠誠を誓っている（写第十）。ただ、誓った神々の筆頭が阿蘇大明神ではなく、伊勢天照大神

正平３年９月阿蘇惟澄軍忠状（冒頭部分）　阿蘇文書　熊本大学附属図書館蔵

とあるところが、惟澄の立ち位置を如実に示しているようにも思われる。

惟澄の功績をあらわす軍忠状と恩賞地

官職補任も恩賞の一つだが、ここでは軍忠状の内容と、具体的な恩賞地について述べてみよう。惟澄の広範囲な軍事的活動と功績を記した代表的なものは、前掲正平三年（一三四八）九月付けの軍忠状である。

この長文の軍忠状は、多くの情報を提供する貴重な史料だ。近年の研究としては、稲葉継陽・春田直紀両氏の仕事があるが（稲葉二〇一三、春田二〇〇七）、煩雑になるので年次ごとに表示し（表9）、必要な限りで触れることとする。惟澄の軍忠に、南朝方は当然ながら綸旨や令旨、あるいは側近たちの書状を通して感状《かんじょう》を与えている。

惟澄の軍事行動は、元弘三年（一三三三）、義兄弟の大宮司惟直《これなお》とともに金剛山へ参上したことにはじまる。建武政権の崩壊後は、一色頼行《よりゆき》・範氏、少弐頼尚ら足利尊氏方勢力との交戦、そして、尊

表9　正平3年（1348）恵良惟澄軍忠状（阿一二二）の内容

和暦	西暦	月日	軍忠内容
元弘3	1333		①宇治惟直とともに金剛山へ参上し令旨をもらう②備後国鞆より下国③鞍岡合戦で負傷④尊氏反旗後、筑前有智山合戦で二ヶ所負傷
延元元（建武3）	1336	8月18日以降	①唐河合戦で先駆け②ついで南郷城へ押し寄せ、一色右馬助入道（頼行）代官三村又次郎、其の外数10人討ち取る③筑後豊福原合戦で先駆け④その後、菊池・八代以外は（南朝）勢力弱体
延元2（建武4）	1337	2月22日	50余人を率いて甲佐嶽へ一族を催し、砥用・小北・甲佐・堅志田を攻撃する
延元2（建武4）	1337	3月22日	①豊田荘へ討ち入り「地下凶族」を追い払う②守護代と号する少弐頼尚の家人饗庭小太郎入道以下数百騎と山崎原で懸けあい、合戦徒武者になりながら小野新左衛門入道以下数十人討ち取る③隈牟田荘へ攻め入る
延元2（建武4）	1337	4月2日	一色右馬助入道代官三村以下、御領詫磨数百騎と森崎原で合戦三村入道・竹崎新五郎・平田太郎以下を討ち取り、杉島大渡川を渡る
延元2（建武4）	1337	4月19日	一色少輔入道（範氏）下国の時に菊池武重とともに犬塚原で合戦一色右馬助入道（頼行）や橘薩摩弥八・国分十郎以下を討ち取る
延元2（建武4）	1337	6月	①矢部山へ押し寄せ、越前守頼顕代官四郎兵衛、上下数百人討ち取る②南郷城へ、坂梨子太郎入道宗喜息男弥五郎惟長、数10人討ち取る
延元2（建武4）	1337	7月	①津守城落とす時、和泉豊後守家人などを討ち取るも負傷二ヶ所②二条少将（泰季）守富荘発向の時、一色水垂入道と懸け合い合戦し、味方敗戦③惟澄入れ替わって夜になり凶徒追い散らす、親類若党の多く負傷戦死④菊池武重とともに合志城に押しよす、若党の多く負傷戦死
延元3（暦応元）	1338	10月	①少弐頼尚が数千騎を率い甲佐城へ、惟澄わずか30余騎で駆け出て、討ち死に負傷②郡浦へ行き一色少輔入道（範氏）代官田井間三郎を討ち取る③南郷城を攻め落とす、仁木右馬助義長代官立田七郎甥立田十郎を生け捕る。その他数十人討ち取る④日向堺野尻城追落し高千尾一族などと連合して小国郷を越え義長代官古子次郎を攻め落とす⑤玖珠・日田以下豊後国人数百騎と対陣して大友一族野津宮内卿および多武木又五郎枯杉以下数百人討ち取る
興国元（暦応3）	1340	12月20日	①小鳥合戦、白石治部法橋討ち死に②市下八郎入道道恵、惟時一族数十人と南郷城へ楯籠ったので合戦③その後、豊後肥後大勢寄せて来たので合戦し、惟澄ならびに弟弥三郎惟賢負傷、一族若党多数負傷戦死④その後、南郷城を攻め、道恵ならびに坂梨子孫熊丸以下60余人討ち取る
興国4（康永2）	1343		惟時、北朝に味方した時、矢部城を押しとる

興国4（康永2）	1343	5月以降	①田口向城で、河尻・詫磨以下と、菊池武光とともに合戦②甲佐立早要害を落とし在家を焼き払い城郭を構えたら、少弐頼尚代官対馬豊前次郎ならびに大友野津三郎蔵人以下が攻めてきたので合戦親類若党負傷戦死③少弐頼尚代官饗場右衛門蔵人・西郷兵庫筑前豊前以下国々軍勢を率いて砥用に来たので合戦手の者負傷・討ち死に④阿蘇豊後大宰府勢、萱野村に乱入、終日合戦⑤少弐頼尚、山崎向城を取る時、菊池武光とともに数度合戦⑥馬場三郎・宗刑部らが味木荘へ発向し城郭を構えたので、向かい合戦し、内田公藤五・米倉又五郎を討ち取る
興国6（康永4）	1345	10月16日	筑後三郎らが味木荘御船城へ発向したので、太刀打ち合戦し、7人討ち取る、負傷数10人味方負傷少々
興国6（康永4）	1345	10月28日	小野次郎実武城、味方より忍び取る
興国6（康永4）	1345	11月5日	小駒野城合戦50余人討ち取る、味方討ち死に3人、負傷10人
正平元（貞和2）	1346	閏9月2日	少弐頼尚下国し、守山関所を打ち破ったので小河城より下合わせ合戦。日奈子ならびに高木兄弟・弓削丹次以下10余人打ち取る
正平元（貞和2）	1346	閏9月3日	①大野原へ追い掛け夜まで阿弥陀峯を支えたが、八代からの味方合力せず合戦せず。今宮要害で合力合戦②山崎向城と安見岡を落とす③敵が種山黒鮫城を取った。ここは要害の後山で八代出入りが断絶するので、すぐに向城を米山に取った。内河縫殿允、この境は惟澄計らいでというので頼尚一族対馬豊前守・筑紫孫次郎らが攻めてきたので八代味方要害を落とし、竹崎左衛門太郎とともに凶徒を撃退、数10人負傷さす
正平元（貞和2）	1346		頼尚・義直、八代を南北に分かちて領し、今宮荒尾2箇所の城をさらに小河境の篠尾に城郭を構えたので、惟澄合戦したが八代からは合力なし
正平2（貞和3）	1347	8月25日	①笠松・鞍楠2箇所において向城を取った時、大友孫次郎が小野荘へ発向し城郭を構えたので合戦をし、凶徒を追い散らし城を破却した。一族若党10余人が負傷戦死した②糠塚・布瀬・篠尾3箇所の城、次いで三川城を落とす
正平3（貞和4）	1348	9月14日	①六ヶ荘で敵住宅焼き払う②守富・隈牟田・河尻・詫磨・鹿子木・須屋・立田・山本以下を焼き払い合戦する。その間、自身7ヶ所負傷。親類若党百余人が討ち死にした
正平5（貞和6）	1350	3月12日	10日に高知尾荘軍勢を率い、菊池を越えて、12日合志能登守幸隆が楯籠もる菊池陣城を攻め6日間合戦、8人負傷。17日に合志軍没落

氏によって擁立された一族の坂梨氏や市下氏らとの戦いなど、息つく暇がないほどの戦いの日々だった。大小の合戦数百度、討ち取った相手は数千人、戦いでのみずからの負傷七ヶ所、戦死した親類や若党一〇〇余人という軍忠状での表現も、あながち大袈裟とはいえない。

こうした活動と功績、払った犠牲の大きさから、惟澄は「軍忠状」や「申状」を提出した。それらは、五条頼元らを通して南朝方の拠点吉野へも報告されている。砥用山や矢部山が料所として与えられたこともあった。しかし、これらの地は惟時の影響力が強く、十分な恩賞とはいえなかった。惟澄は、九州における南朝方の処置の生ぬるさに我慢できなくなり、吉野へ直訴に及んだこともあった。興国六年（一三四四）と推定される五条頼元書状に、「吉野殿へはいつごろ人を進められ候や。心元なく候」とあるのはその一例である（写第五）。

こうした行為は、惟澄に限らず、当時の武士たちにみられる一般的な行動だが、残された史料をみる限り、惟澄の懸命の行動に対する南朝の対応は、必ずしも迅速かつ手厚いものではなかったようだ。貞和五・正平四年（一三四九）と推定される九月十八日付けの五条頼元宛て書状（阿一一二六号）は、日向のこと、惟時のこと、注進のことについて述べたものである。そのなかで、惟澄は次のように述べている。

たびたびの申状提出は恐れ多いことですが、「惟澄の浮沈《ふちん》」（盛衰）がかかっていますので、申し入れをしていただきます。応じてもらわなければ、私の身の置き所はありません。

当時の武士たちの意思表現として、軍事的貢献への代償を求めることは特段、珍しいことではない。だが、阿蘇一族のなかで大宮司惟時に近い縁戚者という以外に、格別の地位を持たない惟澄には、軍事力を支える人々の利益の代弁に迫られた沈痛な叫びだった。そして、献身的な行動にもかかわらず、恩賞は「『一同の時』とか、『一同の法』をもっておこなうので、しばらく待つように」とだけ回答する、南朝政府の画一的な待遇への不満の表明でもあったといえよう。

先述したように、貞和五・正平四年（一三四九）九月には、直冬が緑川の河口を押さえる国人河尻幸俊の船で備後国鞆津から河尻津へ到着している。九月二十六日、このときの惟澄の書状に対して、菊池の征西府は惟澄の忠節を賞する令旨を二通出し、五条頼元も長文の書状で応じている（写第五）。惟時の跡に関しては、「重事」のことなので尽力する旨だけを伝え、惟澄の要求をかわしているように思われる。あらためて、惟澄はどのような恩賞を求めたのだろうか。次に列挙してみよう。

①惟時の後継者として、大宮司職や惟時跡の本領新恩地を安堵すること。

②恩賞給与は、一族分と他門分、あるいは配下の人々への目配りをおこなうこと。

正平二年の所望交名《きょうみょう》・闕所地注文（阿一一四）によれば、一族分には、恵良惟賢《これかた》・同惟永《これなが》の同名一族以外に、上島惟頼《うえじまこれより》・草野澄算・菊池武久《たけひさ》・伊津野唯阿《ゆいあ》・白石道秋《しろいしみちあき》・田尻道綱《たじりみちつな》・木山幸蓮《きやまこうれん》・子守惟《こもりこれ》一《かず》・竹崎惟貞《たけさきこれさだ》・坂梨惟孝《これたか》らの諸氏が、それぞれ恩賞地を書き上げて要求している。草野澄算以外は、阿蘇・益城・菊池郡の在地領主で、惟澄一族と血縁的な関係のあった人々だろう。他門分には、佐伊《さい》津貞弘《つさだひろ》・河内政頼《かわちまさより》・長崎義政《ながさきよしまさ》・岩戸政澄《いわとまさずみ》があげられている。佐伊津氏は肥前島原の領主、河内・長崎・岩戸氏は日向国の領主である。高知尾《たかちお》荘立宿村を望んだ岩戸政澄のように、惟澄の一字を拝領している者もいる。

③要求した闕所地は、肥後国内と豊後・薩摩・日向などの他国分に分かれている（阿一一五）。

惟澄が望んだ大宮司職と阿蘇社領は、惟時の巧妙な対応、駆け引きの老獪さもあって、なかなか実現しなかった。文書を時系列でみていくと、惟澄へ恩賞として給与されたのは、日向国吏務職、肥前曾根崎《そねざき》荘地頭職、守富《もりどみ》荘などである。これらを一括して要求した史料が、先にも言及した正平十一年（一三五六）六月付けの惟澄申状案（阿一五二）である。筑前下座郡と豊後大佐井郷を筆頭に、豊後日田荘・玖珠《くす》荘・守富荘・曾根崎荘の各地頭職についての状況や経緯を詳しく述べて要求している。そして、申状の末尾を次のように締めくくっている。

惟澄が元弘年間以来、多年の軍忠をおこなったことはみな知っています。感状や恩賞の綸旨・令旨を数通もらいましたが、いまだもって一ヶ所も遵行《じゅんぎょう》、すなわちどこももらっていません。これは不便《ふべん》（憫）の次第です。早く厳密の沙汰をして、恩賞を実現してもらいたいです。

これは、綸旨や令旨も大切だが、要はそれを実行してほしいという惟澄の切実な本音だった。

惟澄と菊池武光との関係

　実は、この申状が提出される前の四年間、つまり、文和元・正平七年（一三五二）から惟澄と南朝方との文書受給は皆無に近く、断絶状態に近かった。この四年間は、観応の擾乱（一三五〇―五二）にともなう混乱期にあたる。室町幕府内の対立・分裂は、九州南朝勢力に好影響をもたらし、活動が沈滞していた菊池氏の動きが際だつようになった。文和二・正平八年、菊池武光《たけみつ》は筑前針摺原《はりすりばる》の戦い（福岡県筑紫野市）で九州探題一色氏を破り、翌々年には九州から退却させる。同じく八月に、懐良親王は肥前国府を、十月には博多を攻撃するなど優位に立っていた。惟澄の申状に応えた征西将軍宮令旨が惟澄のもとへもたらされたのは、一年十ヶ月後の延文三・正平十三年（一三五八）八月のことである。内容は、河尻七郎代官の妨害を退けて、兵粮料所《ひょうろうりょうしょ》である守富荘半分地頭職の下地《したじ》を沙汰するようにというものだった（写第五）。

　益城郡にある守富荘（熊本市南区）は、もとは九条《くじょう》家領の荘園である。荘域は源為朝《ためとも》伝説で知られる雁回山《がんかいざん》北西麓、緑川・浜戸川河口流域の要衝に位置し、総面積は不明だが、甲佐社居合田十九町を含んでいた。

　当初、守富荘は別名を木原荘ともいい、在地領主・源姓木原氏が下司《げし》職を有していた。やがて、北条氏がこれを奪い、事実上の得宗領となった。その後、曲折を経て、暦応四・興国二年（一三四一）に惟澄に勲功の賞として与えられている。ところが、河尻氏代官の妨害とあるように、河尻七郎の支配と競合しており、また、甲佐社も支配の実効を要求して、神官や供僧がたびたび申状を提出している係争の地だった。

征西将軍宮令旨から一ヶ月後、菊池武光から守護代の赤星武貫《あかほしたけつら》に宛てて、現地に行って惟澄へ沙汰するようにとの打渡状《うちわたし》が出されている（藤井耕吉氏所蔵文書）。だが、三度も立ち退き命令が出されたにもかかわらず、河尻七郎は城郭を構えて従わなかった。城郭を構えるというこの行為は、強い当《とう》知行《ちぎょう》の意志を示すものであった。これを訴えた惟澄の申状（阿一一五）を受けて、翌年二月、再度命令執行の令旨が発せられている。

守富荘打渡に際しての、征西将軍宮令旨→菊池武光から守護代への打渡（施行《しぎょう》）状→菊池武光から使節遵行人への打渡（施行）状という流れは、その後、一つの形式として定着する。征西将軍宮とその側近、そして菊池武光との蜜月を象徴するスタイルを、惟澄はどのような面もちでとらえていたのだろうか。征西府は惟澄を一応は重用するものの、信頼度は菊池武光に取って代わられ、惟澄の居場所はすでになかったともいえよう。

延文四・正平十四年（一三五九）八月、大保原《おおほばる》（筑後川）の戦いで少弐氏らを破った征西府軍は、翌年、大宰府を攻撃し、康安元・正平十六年（一三六一）八月、大宰府に征西府を置いて全盛期を迎えた。

この間に、阿蘇社では大惨事が起こっていた。延文五・正平十五年三月十三日の子《ね》の刻《こく》、阿蘇社は火災に遭ったのである。阿蘇文書には、このとき避難させて焼失を免れた十二神の神体をはじめとする品々の注文が残されている（阿一五六〜八）。本史料には、この時期としては珍しく、延文五年という北朝年号が使われている。これによれば、神体を懐に入れて避難させたのは、中川九郎入道成仏《じょうぶつ》なる人物で、渡辺党《わたなべとう》の末流という。焼失を免れた主だった品々は、御正体一二〇体・多宝塔一基（秘蔵の舎利を納める）・獅子狛犬・赤銅《しゃくどう》狛・唐犬・宝篋印《ほうきょういん》塔《とう》・法華経《ほけきょう》七部・仁王経函五・金泥経一部・百仏百羅漢の本尊十二品・金銅御鷹一羽などである。

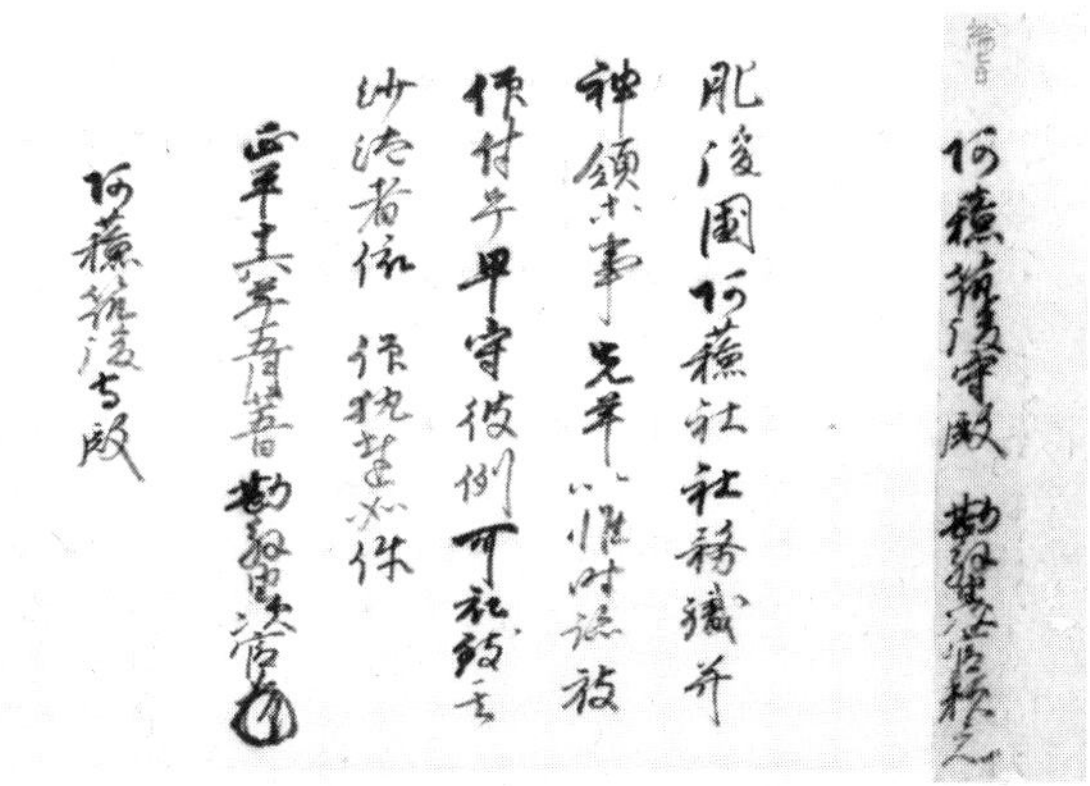

正平16年5月25日征西将軍宮令旨　阿蘇文書
熊本大学附属図書館蔵

阿蘇一族の長老たる惟澄にとって、火災の事後処理は喫緊の課題であり、征西府の動向は二の次だったと推定される。この年の暮れに、征西府は惟澄に来春正月中に所領を与えることを約束しているが、背景には、このころの緊迫する情勢があったのだろう。征西府は、延文六・正平十六年（一三六一）二月三日、惟澄に社務職と神領を安堵し、「大宮司殿」と呼んでいる（写第四）。これは、惟澄が明白に「大宮司」と呼ばれたものの初見である。これに対し、将軍足利義詮《よしあきら》は大友氏時《うじとき》の推挙によるとして、惟澄を肥後守護職に補任して誘引するとともに（阿一六〇）、惟澄の長子

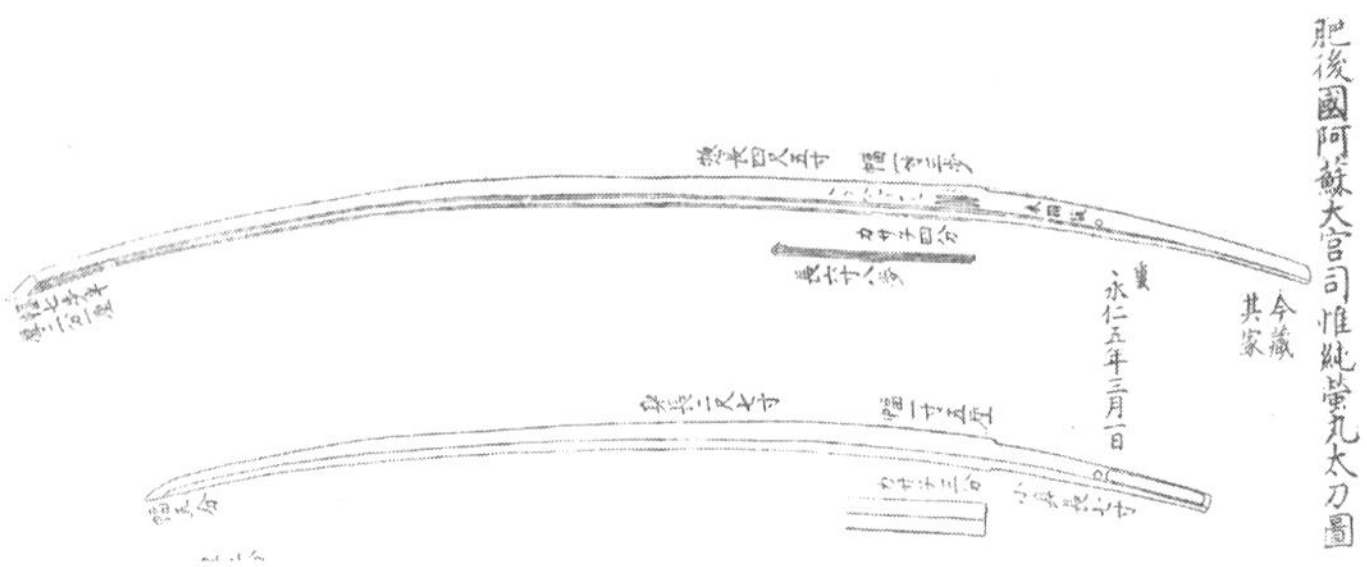

『集古十種』に描かれた蛍丸　当社蔵

惟村を大宮司と呼んで当知行地を安堵している（阿一五九）。

一方で、菊池武光は惟澄の次子惟武《これたけ》に一字を与えて兄弟の分断を図り、また一方で、征西府は惟澄に惟時跡の社務職と神領を再度安堵している（阿一六三）。さらに、惟澄が要求する郡浦・勾野《まがの》村（宇城市松橋町曲野）・守富荘・小河などについて、武光が中心となって知行の実現に奔走している様は、正平十六年付けの文書数十点余りからうかがえる。だが、晩年の惟澄の選択は、征西府の期待とは正反対だった。このことは、次の惟村の項で述べよう。

なお、阿蘇家には惟澄に関わるものとして、彼が建武三年（一三三六）三月の多々良浜の戦いで使用したと伝える「蛍丸《ほたるまる》」（名称の由来は、ぼろぼろに刃こぼれした太刀に多くの蛍が飛来して元通りになったという伝えによる）という刃長約一メートルの太刀の拓本がある。現物は、アジア・太平洋戦争終結後の刀剣接収の混乱で行方不明となったままである。拓本の銘文には、永仁五年（一二九七）正月「来国俊《らいくにとし》」とある。国俊は山城国の名工で、来派の祖国行《くにゆき》の子である（有木二〇〇六）。

第三章　内乱後期、二人の大宮司

惟澄が惟村へ家督譲与したのはなぜか

貞治三・正平十九年（一三六四）七月十日、阿蘇三社の大宮司惟澄は、置文のなかで惣領や男女の庶子の面々に譲状を書いたことを知らせ（写第十）、嫡子惟村に阿蘇・健軍・甲佐・郡浦の四ヵ社領、および矢部・砥用両山・津守保・豊後国大佐井郷半分、筑前下座郡惣領分地頭職を、綸旨・令旨や重代の相伝証文を添えて譲与した。そして、庶子の都々丞丸《ととじょうまる》・別当丸《べっとうまる》および菊池女房に、妨害をしないよう命じた（写第十）。同日、惟澄は別当丸に阿蘇社領南郷村々・北郷上竹原・豊後国大佐井郷四分一地頭職を与え、惣領惟村の所勘《しょかん》に随うこと、南北郷村々の社役を勤めることを命じている。

従来、これらの文書には疑問点があるとされてきた。だが、南朝方から思うような処遇を受けられず、大宰府の征西府では菊池氏が重用されて、惟澄には居場所がなかった。また、冒頭で述べた置文や譲状には、「右手が叶わないので判形《はんぎょう》ができず、手印《しゅいん》を押す」とあり、惟澄は身体的に麻痺をきたしていた。幕府方にいたっては、斯波《しば》氏経《うじつね》の九州入国もままならない状況である。惟澄は、こうしたなかで阿蘇氏のゆくすえを判断し、立場は異なっていたとはいえ、このとき嫡子惟村への譲与をしたと考えてよいのではなかろうか。

一連の惟澄文書には、惟村の弟惟武のことはみえない。前述したように、惟武は菊池武光から偏諱《へんき》を受け、懐良親王から惟澄の遺跡《ゆいせき》相続の約束をもらい、貞治四・正平二十年（一三六四）三月二十八日、大宮司職を先例に任せて執務するよう安堵されていたのである（阿一七五・一七七）。

北朝系大宮司・惟村が置かれた難しい立場

惟村は、観応二・正平六年（一三五一）二月十八日、祖父惟時から阿蘇以下四ヵ社領、矢部・砥用・津守保、それに筑前下座郡惣領分・豊後国大佐井郷地頭職を、綸旨・令旨などの代々の証文とともに譲られた。十三年後の貞治三・正平十九年（一三六四）七月十日、今度は父惟澄からも綸旨・令旨や重代の相伝証文とともに譲与されたのであった。惟時からの譲与の時点ではまだ幼かった惟村も、大宮司にふさわしい年齢に達していた。この間の延文六・正平十六年（一三六一）二月二十二日、惟村は大宮司として、忠節の感謝と当知行の安堵を内容とする、将軍義詮の御判御教書をもらっている（阿一五九）。この日は、先述したように、惟澄が阿蘇氏ではじめて肥後国守護職に補任された日である（阿一六〇）。また、惟澄への二つの御判御教書には、大友氏時が介在していた。

延文六・正平十六年に幕府から、その三年後に父惟澄から大宮司として認められた惟村の置かれた状況は、祖父や父の時代とは異なっていた。弟惟武が南朝から大宮司に補任されて、深刻な兄弟の確執・

一族の分裂が生じ、惟武は菊池氏の力をバックにした。延文四・正平十四年八月に大保原《おおほばる》の戦いで勝利した征西府勢力は、康安元・正平十六年（一三六一）八月に少弐冬資《ふゆすけ》を破って大宰府を掌握している。一方で幕府、とりわけ九州探題や北部守護勢力の勢威が弱体化し、惟村はその援助を望めなくなってしまう。

惟村に関する史料も多く残されているが、惟時や惟澄と比べると、彼自身の発給文書の残存数は、管見の限り二点と、極端に少ない。そのうちの一点は、康安元年四月五日、南郷御霊へ豊後国井田郷得分のうち十二貫文を、法華経十二部・仁王経十二座・光明真言《こうみょうしんごん》一二〇〇返の布施として永代寄進したものだが、肩書きは宇治惟村とあって、大宮司とは称していない。発給文書は乏しいが、受給文書は多いので、先述の情況を史料に即しながら、幕府・九州探題・守護勢力との関係を中心に述べてみよう。

康安二年二月十五日、氏時は「阿蘇東殿」＝惟村へ四通の書状を同時に送っている（阿一六八～一七二）。内容は、①氏時による筑後・肥後の南朝勢力掃討への参陣要請と、以前からの別紙下文を必ず京都に取り次ぎますとの誓い、②氏時が保持する肥後国守護職を幕府の裁可を得て惟村に与えること、③征西府の中核であった菊池武光や、その庶子たちの跡および守富荘を与えること、④豊後日田郡日田孫次郎やその庶子たちが「筑後宮」（懐良親王）方に降参したので、その跡や井田・大佐井の両郷を与えるというものだった。『新撰事蹟通考』によれば、「阿蘇東殿」の名称は、惟澄が甲佐にいるため、南郷を使わずに東を称したという。これは、氏時の惟澄に対する配慮かと思われる。①を記した書状は氏時の自筆と推定され、惟村を積極的に支える意向が反映されていた。同日に四通もの書状を発給することにしたのも、氏時の熱意の表れだった。②は、惟澄に続いて肥後国守護職を惟村にも与えるという内容だが、実際に守護としての権限を行使したかは、発給文書が残らず不明である。③の菊池武光一族の所領給与は、①と同様な意図だったのだろう。

これらの大友氏時の書状と並行するかのように、康安元年十月二十八日を皮切りに、一色氏に替わって九州探題に指名された斯波氏経からの書状が、将軍家御判御教書とあわせて連続して出されている。とりわけ、貞治元年（康安二、一三六二）八月から十一月の期間は、計七通にのぼる（写第七）。内容は、豊後府中に到着したこと、豊前で菊池武光の軍と交戦したこと、惟村の忠節に対する感謝などである。その間の貞治元年十月十七日、惟村は、先の氏時書状にあった肥後国守護職に正式に補任された（一七二）。貞治二年閏一月四日、氏経は惟村に、「大友氏時に、豊後にいる武光の追討を再三命じているが、うまくいかないので不安だ」と伝えている（写第七）。結局、氏経は九州上陸を果たしたが、武光らに敗北し、周防国を経て帰京することとなった。

氏経の後任に指名されたのが、弱冠十八歳の渋川義行《しぶかわよしゆき》である。義行は、将軍義詮の正室幸子の甥である。貞治五年五月三十日、義行は惟村に、今月十三日に書状が到来したこと、そして「九州へ向けて出発するので、肥後国の軍勢を率いて出陣するように」という書状を出している。年紀不詳だが、甲佐嶽城合戦での軍功を京都に報告するとも伝えている（写第七）。

だが、義行の九州入りはなかなか実現せず、惟村はやきもきしていた。貞治六年二月二十一日付けおよび同年十月七日付けの将軍家御判御教書（阿一七八・一七九）は、それぞれ内容は異なるが、惟村が何度も注進状を送っており、これに対して幕府は、「それほど時はかからないでしょう。その間は堪忍《かんにん》（我慢）」するようにと回答し、十月二十五日、大宮司職と神領の安堵を伝達している（阿一八〇）。

ところが、およそ二ヶ月後の十二月七日、将軍義詮は三十八歳の若さで逝去した。管領細川頼之《ほそかわよりゆき》は、翌日、「鎮西大将のことは、逝去にかかわらず下向するので、その間堪忍して待つように」との書状を送ったが、義行の下向はついに実現しなかった。その後、後任の探題候補に山名師義《やまなもろよし》が選任されたことを知らせる書状が、十二月二十五日に斎藤素心《さいとうそしん》から届けられたが、この派遣も延期になってしまう。

正当化を図る南朝系大宮司・惟武

ここで、もう一人の大宮司、南朝系の惟武の動きをみてみよう。

惟武が、惟澄の跡を相続するという形で征西府から大宮司職を安堵されたのは、貞治四・正平二十年（一三六五）三月二十八日のことだった（征西将軍宮令旨。阿一七七）。このときの宛名は阿蘇八郎二郎だが、それから四年後の応安二・正平二十四年（一三六九）七月七日に出された、「阿蘇社社務職について神事社役を催促するように」と命じた征西将軍宮令旨での宛名は、阿蘇大宮司である（阿一八二）。

この間に、阿蘇社では造営の斧始《おのはじめ》（棟上げ）がおこなわれている（阿蘇社造営記録、阿一八一）。延文五・正平十五年（一三六〇）三月の火災への対応によるものだ。再建の斧始は、貞治三・正平十九年（一三六四）四月に一宮から順次おこなわれ、応安元・正平二十三年（一三六八）十一月二十七日の遷宮《せんぐう》で終了したようである。

造営普請では、南朝年号の使用をはじめ、筑後国一宮高良社《こうらしゃ》（福岡県久留米市御井町）の大工である高良一大工衛門三郎有光《ありみつ》や高良二大工次郎左衛門長広《ながひろ》、大工日田二郎衛門国政《くにまさ》など、南朝と縁の深い大工や人物がみえる。ここからは、再建事業に南朝系の惟武が深く関与したことが推測される。また、番匠の雑掌として、室原入道・権大宮司・高森氏・満願寺院主・下田彦房などがみえる。造営奉《ほう》加物《がぶつ》注文には、阿蘇山学頭御房をはじめ、室原入道・久木野隼人佐・木山土田氏・田野江兵衛允などが名を連ねている。そのほか、住吉大工の甥という大工戸次左衛門惟安《これやす》や大工左衛門次郎宗義《むねよし》といった、大工の棟梁と思われる職人たちが登場する。中世の社寺造営組織の広域的なつながりや政治的状況との絡まり、阿蘇社自前の造営組織との関係など、興味深い課題が多い。

こうした造営を受けてか、応安二・正平二十四年五月、懐良親王が法華経を書写して阿蘇社に納めている（西三）。また、阿蘇社が焼失した直後の四月二十三日付けの藤原某起請文によれば、懐良親王は大宰府に入ったので、そのお礼だろうか、高良山に参詣し、若宮（後征西将軍）に阿蘇社へ参詣するよう命じた。そこで、甲佐が吉所であり、藤井氏や坊門《ぼうもん》中将以下五人が供をすると惟武に伝えている。阿蘇社のある宮地は、惟武の勢力下にあったのである。

同年十一月、惟武は博多承天寺《じょうてんじ》舜庵《しゅんあん》で奉行の饗庭《あえば》道哲《どうてつ》に会った。そして、元弘三年の伯耆国船上山からの綸旨をはじめ、五通を紛失したと述べ、「文書を紛失したときは新券《しんけん》を立てる傍例《ぼうれい》がある」と聞いているので、新たな立券を要求している（写第三十三）。紛失したのは五通である。

①元弘三年（一三三三）四月二日付け後醍醐天皇綸旨（現存せず）
②元弘三年（一三三三）八月六日付け後醍醐天皇綸旨（阿七五）
③元弘三年（一三三三）十月二日付け後醍醐天皇綸旨（神社六・七）
④正平二年（一三四七）十二月十九日付け後村上天皇綸旨（阿一一七―一一九）
⑤正平二年（一三四七）十一月二十四日付け征西将軍宮令旨（写第四。二点あり）

①については、先にも触れた。②～⑤は、文書の原本あるいは写が複数伝来しているように、惟武ら阿蘇氏一族にとって、最も重要な文書だったと考えられる。

これらの文書に関して、宇土道光《どうこう》と八代《やつしろ》の名和《なわ》顕興《あきおき》が、征西府からの正平二年十一月十七日付けの御教書を実見した。二人は、惟武が主張する社家代々の証券について、惟村が抑留していることの実否を尋ねたことに対する回答（請文《うけぶみ》）を提出している（阿一八三〜四）。宮地の地を実効支配する惟武としては、宇土氏や名和氏の賛同を得たうえで、大宮司として正当化を図るため、重要文書を手に入れ、再度の立券《りっけん》をかなえようと画策したと考えられる。道光は、惟村の抑留は「実正《じっしょう》（その通り）」と応じたが、顕興は「甲乙人《こうおつにん》の広説《こうせつ》（一般人の根拠のない説）」なので言明しがたいこと、国中《くになか》（国の中央部）のことであるが昵懇の人ではないので、紛失の有無は明言できないと回答している（工藤二〇〇〇）。

十二月二十四日、惟武は四国退治に出発するという親王の令旨を受けて、阿蘇山衆徒《しゅうと》に成就の祈祷を命じた（西三八・六六）。征西府の後押しもあり、惟武は大宮司として一定の影響力を行使していたことがうかがえる。ところが、状況は今川貞世《さだよ》（了俊《りょうしゅん》）の九州探題補任によって厳しさを増してきた。このことについては後述する。

二人の大宮司と今川了俊の征西府制圧戦

応安元・正平二十三年（一三六八）十二月三十日、足利義詮の後継として、子息義満《よしみつ》が十歳で将軍職に就く。義満は、執事（管領）細川頼之の補佐を受けて政治をおこなった。応安三年六月には、九州の劣勢を打開すべく、今川了俊が九州探題に補任され、翌年二月に京都を出発した。了俊が九州の在地勢力に向けて発した現存する最古の文書は、応安三年七月一日、大宮司惟村に宛てた書状である（岡本文書）。了俊は、この中で大略次のように述べている。

九州へ下向することになりましたので、「合力」（協力）いただければ、めでたいことです。早々に「同心」いただければ、これほど嬉しいことはありません。ひたすら頼りにしています。詳細は中国路より伝えます。

同じ趣旨の書状は、豊後の田原氏能《たわらうじよし》にも出されている（田原文書）。征西府攻略にあたり、その中核である菊池氏の背後を脅かす存在として、惟村が重要視されたことはいうまでもない。実際に、了俊をはじめ今川氏一族や幕府から惟村に宛てた文書の数は、応安三年から至徳二年（一三八五）までの十六年間に、現存するだけでも三十五通にのぼり、そのうちの二十四通が了俊の発給である。表10に示したように、年次的な偏りはあるが、量的に多いことは一目瞭然である。了俊の発給文書の全体については、川添昭二氏の研究に詳しい。それによれば、九州滞在中の発給文書数は四七八通で、そのうち肥後国関係は四十四通である（川添一九八二）。ここからも、惟村宛ての文書数の多さがわかり、惟村を味方につける戦略をみることができる。また、書状の形式でいえば、多くの伝達内容を箇条書きにして見やすくした「一つ書き形式」の書状が七通あるのも特徴的で、惟村や阿蘇氏一族に限らず、詫磨氏や河尻氏といった肥後の有力国人の情報も伝えている。

了俊による大宰府の征西府攻略作戦は、弟仲秋《なかあき》と子息義範《よしのり》（後の貞臣《さだおみ》）らを大将として三方から進められ、応安五・文中元年（一三七二）八月に大宰府は陥落し、懐良親王らは高良山に退却した。さらに、翌年の十一月十六日には菊池武光が死去し（「正観寺年代記《しょうかんじねんだいき》」）、その翌年の十月には高良山か

表10　幕府・探題関係者から阿蘇惟村宛て発給文書一覧

No	和暦	西暦	月日	発給人	形式	内容	出典
1	（応安3）	1370	7.1	今川了俊	書状	合力（加勢）要請	岡本文書
2	（応安4）	1371	1.2	今川了俊	書状	合力（加勢）要請	写第七
3	（応安4）	1371	6.25	今川了俊	書状	今川義範に合力（加勢）要請	写第七
4	（応安4）	1371	7.4	今川義範	書状	高崎城への馳参要請	写第七
5	（応安4）	1371	8.3	今川義範	書状	合力（加勢）要請	写第七
6	（応安5）	1372	1.23	今川義範	書状	菊池武光ら国中へ	写第七
7	（応安5）	1372	3.3	今川義範	書状	菊池武光、筑前へ	写第七
8	（応安5）	1372	4.28	今川了俊	書状	合力感謝。筑後の情勢	写第七
9	（応安5）	1372	11.13	今川義範	書状	度々合戦での忠節に感謝	写第七
10	（応安7）	1374	10.7	今川了俊	書状	菊池跡のこと・守護職のこと	写第七
11	（応安7）	1374	12.3	今川了俊	書状	国中げの出陣要請	写第七
12	応安7	1374	12.29	室町幕府	御教書	10月17日注進状披露	写第七
13	（永和元）	1375	5.21	今川了俊	書状	懐良親王阿蘇社参の事	写第七
14	（永和元）	1375	6.7	今川了俊	書状	懐良親王阿蘇社参への懸念	写第七
15	（永和元）	1375	7.13	今川了俊	書状	菊池口水島原に陣取	写第七
16	永和元	1375	7.15	今川了俊	感状	馬門および御船での忠節を賞す	写第七
17	永和2	1376	1.23	今川了俊	書状	河尻荘のこと	写第七
18	（永和2）	1376	1.23	今川了俊	書状	社領寄進のことなど	写第七
19	永和2	1376	4.26	室町幕府	御教書	2月22日注進状披見。忠節を	写第七
20	（永和2）	1376	5.7	今川了俊	書状	河尻氏の動向など	写第七
21	（永和2）	1376	5.12	今川了俊	書状	河尻氏ことなどについて	写第七
22	（永和2）	1376	9.19	今川了俊	書状	少弐一族について	写第七
23	康暦元	1379	閏4.23	足利義満	御判御教書	惟村訴訟について注進により沙汰を命ず	阿196
24	（康暦元）	1379	7.17	今川了俊	書状	菊池攻めのこと	写第七
25	（康暦元）	1379	8.13	今川了俊	書状	南郡のことなど	写第七
26	（康暦元）	1379	8.22	今川了俊	書状	南郡のこと	写第七
27	（康暦元）	1379	9.2	今川了俊	書状	守護職のこと	写第七
28	康暦元	1379	9.6	今川了俊	施行状	守護職を御教書に任せて沙汰す	写第七
29	（康暦元）	1379	9.6	今川了俊	書状	守護職のこと・菊池攻めのこと	写第七
30	（康暦元）	1379	9.8	今川了俊	書状	守護職のこと・河尻辺りのこと	写第七
31	康暦元	1379	11.6	今川了俊	書下	肥後国の闕所の沙汰について	写第七
32	（康暦元）	1379	11.6	今川了俊	書状	肥後のこと・闕所のこと	写第七
33	（康暦元）	1379	11.6	斎藤明真	書状	11月1日書状拝見	写第七
34	至徳2	1385	8.5	室町幕府	御教書	南郡ことについて	阿201
35	至徳2	1385	8.5	足利義満	御判御教書	阿蘇社領・社務職を安堵する	写第七

＊出典は1以外はすべて阿蘇文書

ら菊池へ退却するなど、九州の南朝方はますます窮地に陥ったのだった。

合力要請を受けた惟村は、肥後の南朝方を攻撃したようで、応安五年四月二十八日付けの了俊書状には、「城々を落されたことを承りました」とある（写第七）。また、同年十一月十三日付けの義範書状では、たびたびの合戦での忠節・戦功を吉弘一曇《よしひろいちどん》方へ伝える旨が約束されている（写第七）。吉弘氏からは早速書状が届き、惟村の戦勝を祝うとともに、その後の戦闘状況を尋ねている（写第八）。また、宇土氏・河尻氏が味方になるとの情報を伝えている。約二年後の応安七年十月七日、すなわち征西府の高良山からの後退が間近に迫ったころ、了俊は二ヵ条からなる長文の書状を惟村に送っている。

①菊池氏の後継者について、子息（武朝《たけとも》）が味方になれば安堵に差し障りはありません。また、一族の中で後継を望む者がいれば、しばらくは待つことにします。

②肥後国守護職について、九州諸国の守護人を多く解任し、当国も探題分国になりました。今年に入って河尻氏が味方になり、守護職が欲しいというので任命しましたが、いまだに来ません。そこで、私が勤めようと思いますが、いろいろと軍事的な政策もあるので、しばらくは義範《よしのり》を守護とすることにしました。これは将軍家と国家のためです。南北が一体になり、国中も鎮静したら、惟村を守護職に任じようと思います。

①は、菊池氏の後継者に関する内容である。武光の嫡子武政《たけまさ》は、眼病などを患い、応安六年十一月

に死去した。幼い賀々丸《かがまる》（武朝）が跡を継いだが、弱体化した菊池氏の足下をみての了俊の計略であった。すでにこの時点で、菊池氏対策の方針が示されていたのである。南朝の情勢が不利になるなかで、惟武と菊池氏の関係はどのようなものだったのだろうか。

武政は、亡くなった応安六年に、少なくとも五通の書状を惟武に送っており、天下の大事、肥後のことについて何度も同心を求めている。とりわけ四月四日の書状では、「天下の大事、私の浮沈は、いまこのときであり、公方（征西将軍宮）から自分宛ての御教書を心得のために進上するので見てほしい」と懇願している（写第九）。そして、眼病で自筆書状は困難だが、同心に感謝し、「書状では気持ちを尽くすことができません。（中略）ぜひともお目にかかりたいです」とまで述べている。

武政亡き後、必然的に惟武への征西府からの期待度が高まったことは、翌文中三年（一三七四）十月十四日付けの四通の後征西将軍宮令旨に表れている（阿一九一・写第四）。ただ、これが必ずしも惟武を満足させるものではなかったことは、令旨の一通が、惟武からの訴訟に関する要求に、即座に対応できていないことでわかる。また、菊池氏とも一定の距離を保っていたことがうかがえる。それでも、菊池氏は十二月二十五日、賀々丸の幼名で惟武に合力を願い、翌年五月六日にも、自分の花押すら書けない賀々丸に代わって、側近がしたためた長文の書状を送っている。菊池の征西府からも前回同様、文中四年六月十三日付けで四通の令旨を懐良親王および後継の後征西将軍宮の名で発している（豊後国入田荘・小川・日田荘地頭職の知行安堵、日向国守護職・国司職のこと）。ちなみに、文中四年は五月二十七日に天授と改元しているが、このとき九州にはまだ伝達されていなかった。

その後も、征西府や菊池方から令旨や寄進状、書状は相次いで惟武や阿蘇御岳・上宮などへ出されている。惟武宛ての最後の文書は、年紀の明らかなものとしては、天授二年（一三七六）十月十三日付けの後征西将軍宮令旨三点である（阿一九二〜四）。このうち二点は、守富荘の代わりに肥前小城《おぎ》郡西方地頭職城《じょう》入道跡三分の一を安堵したものである。

惟武は、翌永和三・天授三年八月に戦死したと伝えられる。惟武が死去する五ヶ月前の三月二十六日、四ヵ社大宮司職ならびに国々所領が阿蘇乙丞（のちの惟政《これまさ》）へ安堵されている（一品式部《いっぽんしきぶ》卿宮《きょうのみや》令旨写。写第四）。南朝系大宮司家も、そして菊池惣領家も、若年の当主を担がなければならない厳しい状況にあった。

さて、ここで北朝系大宮司惟村を中心とした動向に叙述を戻そう。永和元・天授元年（一三七五）六月、了俊はこの年五月の懐良親王による阿蘇社参拝の風聞に懸念を表していたが、小国に向かったというので安堵の意思を伝えている。ところが八月二十六日、了俊は水島《みずしま》の陣（菊池市）で少弐冬資（頼尚の二男）を誘殺したことで島津氏久《うじひさ》らの信頼を失い、九州計略は一時頓挫した。

こうしたなかで、了俊は事態打開のための一環か、翌永和二年、惟村に相次いで書状を送っている。内容の中心は、守護職を望む河尻氏の不明瞭な去就や、河尻氏の本拠地河尻荘を寄進して阿蘇社領化することなどである。緑川河口の要衝を阿蘇社領化、すなわち惟村の統治下におくことは、双方にとって好都合であった。また、菊池氏が出陣したときには、背後から攻めて焼き討ちするようにも求めている。

やがて、了俊の肥後制圧は北部から中央部へと進展し、永徳元・弘和元年（一三八一）六月、隈部《くまべ》山城を陥落させ、南朝勢力を金峰《きんぽう》山（熊本市）から八代へと退却させた。永和二年秋から二年半余り、惟村と了俊の間では文書の受給はみられない。康暦元・天授五年（一三七九）閏四月二十三日、惟村が幕府に何らかの訴えをしたようで、足利義満からしかるべき沙汰をするよう了俊に命じる御判御教書が出されている（阿一九八）。この御判御教書が出されたのは、四月十四日に起こった康暦《こうりゃく》の政変（幕府内部で長年執事として義満を補佐した細川頼之が失脚し、代わって斯波義将《よしゆき》が登用され、義満が政治的基盤を固めたとされる政変）の直後であった。

この政変は、了俊にも少なからず影響を与えることになるが、彼は七月から十一月にかけて、惟村に九通の書状・書下・施行状を出している。なかでも、懸案だった守護職について、九月六日、将軍家御教書に任せて沙汰する施行状を与えている。そして、守護として闕所地の処分・裁量権を認めるとともに、忠節を尽くす領主の本領や恩賞地には干渉しないよう釘をさす一方で、了俊は緊密な連絡をとる態勢作りのため、惟村にみずからの陣営に代官の派遣を求めている。惟村もこれに応じ、光永《みつなが》一族の人物を遣わしたようである。

また、阿蘇領南郷の領主のなかには、菊池勢に加担するものもいたので、この制圧を惟村に要請している。これは惟村にとって、私戦ではなく幕府・九州探題公認の戦いとして受容できるものだったろう。一連の了俊書状には、菊池攻略の具体的な戦術が記されていて興味深いが、ここでは本題からはずれるので取りあげないことにする。

大宮司家の分裂と今川了俊の計略

今川了俊の征西府掃討作戦は、やがて八代にもおよび、明徳二・元中八年（一三九一）に征西府を攻略した。この前年、南朝勢力の中核だった菊池武朝は今川軍に敗れ、次第に今川氏へ懐柔・取り込まれていく（阿蘇品一九九〇）。当初、武朝は激しく抵抗したが、了俊と妥協することで延命を図り、菊池氏が肥後守として存続できるように、政治的な判断を下したのである。了俊としても、菊池氏やその与同勢力との衝突による被害を減らし、彼らを利用して九州探題の勢力範囲を拡大しようとするねらいがあった。こうした対菊池氏対策は、阿蘇氏にどのような影響を与えたのだろうか。次の二点の史料から探ってみよう。

明徳四年（一三九三）七月晦日、了俊は惟村に書状を送り、阿蘇大宮司職・四ヵ社領を安堵し、神事を興行するよう述べている。この書状で注目すべきは、宛名の「阿蘇南郷大宮司殿」である。これは、了俊が惟村を南郷大宮司と認識していたことを意味する。かつて、治承・寿永内乱期に菊池高直の与同勢力として惟泰が南郷大宮司と表現されたのと同じだが、惟泰の場合は編纂史料である『吾妻鏡』での表現であり、了俊書状での意味は大きく異なっていたと思われる。

というのも、明徳四年十月五日、今川貞臣が肥後守（武朝）に対し、阿蘇惟政が主張する阿蘇社本神領所々および神用米《しんようまい》を御教書の趣旨に任せて惟政代官に沙汰するよう命じ、さらに翌年六月には、同じく武朝を通して、勾野・日並村について、社家分の下地を惟政の代官に打ち渡すよう命じているからである（写第十七）。惟政は大宮司とは呼ばれていないが、今川氏によって知行地を保障されている。南朝勢力の核である菊池氏本宗家の延命を保障しただけでなく、当主肥後守の立場を認め、職務の遂行を命じたことは、菊池氏が頼みとする惟政の存在を保障することにもつながったのである。

惟政が南朝方の戦局不利を悟り、距離をおいていたことは、元中六年（一三八九）三月十八日付けの後亀山《ごかめやま》天皇綸旨（阿二〇五）からうかがえる。この綸旨には、「将軍宮の陣に属して忠節をするよう言っているのに、承諾の請文を出さないのはどうしてか、早く無二の軍忠をするように」と、惟政を叱責するような文言がみられる。こうした惟政の態度を裏づけるかのように、彼に宛てた南朝方文書は両朝合体まで一点もない。合体後も、忠節の要請や九州再興のために豊後・日向両国守護職、八代荘・河尻・御船・海東・豊田荘などの知行を認めるといった、ほとんど実効性のない後征西将軍宮令旨二点が出された程度である（写第四）。

こうして、今川氏は阿蘇大宮司家の分裂・並立状態を公認し、双方への影響力を保持した。双方の大宮司は半独立的存在としての立場を堅持したことになったが、その結果、大宮司家の分裂は固定化・

長期化していく。つまり、九州探題今川了俊の政略によって、大宮司家の分裂は延々と続くことになったのだ。

このことに関連して、明徳五年（一三九四）三月十一日付けで山内常陸介・山田伊賀守に宛てられた、「阿蘇郡沙汰事書写」（写第十七）は重要である。内容は次の四ヵ条からなっている。

①神領社役を勤仕する輩は、「先規《せんき》」に任せて大宮司方から成敗すべきである。
②関東成敗地（かつての鎌倉幕府支配下の領地）に在住して軍役を勤める輩は、「当方」から「先規」に任せて沙汰を致すべきである。
③「当方」に参った（降参あるいは味方した）輩が本知行（本主権。旧来の土地支配権）を主張する土地については、大宮司と相談し、お互いに支証（証拠書類）などを提出して注進し、「理非」を成敗して遵行すべきである。それが決着するまでは、相論の地は大宮司方から点定《てんじょう》（差し押さえ）すべきである。
④阿蘇郡内を一円「公方」の成敗知行にするとの風聞があるようだが、大宮司が嘆き申すのは当然なので、「先例」通りに沙汰すべきである。

ここにみえる「当方」とは、「公方」（室町将軍）に対して九州探題のことをさし、山内・山田両人は探題の奉行人だろう。①は大宮司の社領や社役の権限を認めているが、②では軍役を勤める勢力への支配権は、探題が継承・保持するとされている。③では大宮司の優先権を承認しつつも、土地の領有・支配についての裁判権を留保していることが示されている。かといって、④で記されているように、惟政は、阿蘇郡全体が将軍直轄地になることは望んでいないのである。ここから、全体として、大宮司の「先規」や優先権を承認しつつも、軍事動員や裁判権などを留保しようとする姿勢がうかがえる。ところが、応永二年（一三九五）に了俊は九州探題を解任され、京都へ召還されることになったので、このことも中途で終わってしまった。

こうした了俊の方針に、惟村は不安をいだいたのではないだろうか。それを示すものに、応永二年とされる十一月十五日付けの阿蘇三社大宮司（惟村）宛ての斎藤聖信《さいとうせいしん》書状写（写第十七）がある。惟村の使僧と讃岐某が持参した書状へのお礼にはじまり、六項目の内容からなる。長文なので、簡単にまとめてみよう。

①惟村の安堵申請について、問題はありません。ことさら惟村のことを、これまでも一切等閑にしたことはなく、「九州においては無二の忠節を働いていること」を披露しています。

②安堵のことを沙汰すべきですが、了俊が駿河国を拝領して昨日（十四日）現地に向かい、われわれにも下向するようにと「御所」（義満）から命令されていますので、一両日中に出立します。それで、九州のことは年内にはもう日数もないので、明春二月に沙汰があるでしょう。

③先に私たちが吉野攻めの陣から引き上げてきたときに伝えた至徳二年八月五日付けの安堵御教書や管領施行状などは、その後、あなたから音沙汰がなく、私たちが九州へ向かったときも不安が

あったので送りませんでした。いまは安心なので送ります。
④今回の安堵は、「阿蘇三社大宮司殿」宛てにしてほしいとのことなのでそうします。私はしばらく駿河にいますが、愚息弥四郎が「公方奉公の者」なので、諸々のことは伝えておきます。
⑤判形のこと、⑥今回の注進安堵のことは、大禅門《だいぜんもん》より申されるでしょう。
この書状で注意すべきは、①で惟村のことを「九州においては無二の忠節」ともちあげつつも、③では、しばらく音信がなかったので、安堵御教書などを送らなかったと述べていることである。前掲の惟村宛て文書一覧（表10）の最後の二点が、至徳二年八月五日付けである。たしかに、康暦元年十一月の了俊書下・書状などから六年のブランクがある。この年で、了俊と惟村の接触は一度絶えていた。したがって、至徳二年八月五日付けの正文《しょうもん》はもちろんのこと、案文《あんもん》すら惟村のもとへ伝達されず、現存する正文は、本書状以後に送付されたのである。④で、「阿蘇三社大宮司殿」宛ての安堵を要請したのは、実態はともかく、惟村の大宮司としての正当性を認知してもらうためだったと考えられる。

以上、大宮司の動きを中心に内乱期をみてきた。なお、本文中では、阿蘇社領に関わる帳簿や家臣団についてはほとんど触れることができなかったので、後日に期したい。

第四章　惟村系と惟武系の対立――大宮司職のゆくえ

惟村を優遇する新探題・渋川満頼

今川了俊による政略もあり、大宮司一族の深刻な対立は、十五世紀になっても依然として継続していた。そんななか、応永三年（一三九六）四月に、了俊の後任の探題渋川満頼《みつより》が、意気揚々と九州入りを果たし、博多にやってきた。満頼は、貞治元・正平二十年（一三六五）に弱冠十八歳で補任されるも、任務を全うできなかった渋川義行の息子である。当時、すでに摂津・備中・安芸の守護職を歴任していた。

満頼が最初に文書を発給した肥後国の国人級領主は、今川了俊のときと同様、惟村だった。それが、応永四年正月八日付けの満頼書状である（写第七）。内容は、昨年冬の返状が嬉しかったこと、「少弐貞頼《さだより》と菊池武朝に敵対する意志はないと伝えたので、大方は納得したようだが、どうも不安である」ことを述べている。少弐貞頼は、先に了俊に謀殺された冬資の弟頼澄《よりずみ》の子息である。頼澄は征西府に協力して活動していた。貞頼も武朝も了俊に服従することで本領や地位を保持することができていたので、探題の交替によって、これが解消されることを恐れたのである。とくに、満頼が博多を拠点としたことは、貞頼との対立をもたらした。

満頼は、その後も惟村との接近を図り、忠節を期待して優遇した。これにあわせるかのように、応永四年三月三十日、前将軍家（義満）安堵御判御教書によって、惟村は社職神領および四ヵ社領の四至堺、本領を安堵されている。また、翌年八月にも同内容の安堵御判御教書がだされている（阿二一三・二一四。ただし、『大日本古文書』の編者は花押・筆跡ともに疑念があるとする）。

満頼と貞頼の対立は一時、小康状態にあったが、応永十一年に対立が再燃した。肥後への影響を考えた満頼は、惟村を確実に味方につけようと、預状や書状を頻繁にだしている。具体的には、守富荘の安堵、料国・料所としての守護職、肥後国府、益城郡砥河・木山荘、筑前国山門荘などの預け置きである（阿二一八・二一九・写第七など）。同年十一月二十七日には、忠節と戦功を賞する前将軍家御感御教書もだされ、満頼からも、守護の権限として国内の軍勢を催促するようにとの書状が出されている。

かたや惟政はといえば、探題渋川満頼が着任した翌年の応永四年九月十一日、玉名《たまな》郡野原《のばら》荘（熊本県荒尾市周辺）を拠点とする小代重政《しょうだいしげまさ》との間で契状《けいじょう》をとり交わしている。幕府からの上意には従うが、それ以外については否定的な内容だ（小代文書）。その後、惟政自身の文書はしばらく途絶える。そして、応永十二年六月二十六日に、「三社大宮司宇治朝臣惟政」の名で、肥後国内の在々所々にある惟政拝領の荘園田地を、阿蘇御岳へ寄附した寄進状が最後となった（西七）。この年と推定される九月二十八日付けの満頼書状（詫摩文書二〇四）には、惟政の出陣はめでたいことだとあり、その一方で、「惟村の式（様子）」がどんななりゆきか不審千万である」とあるのは、この時期の惟村および惟政と探題の関係を考えるうえで示唆的である。

大宮司職をめぐる惟郷と惟兼の争い

応永十三年（一四〇六）五月三日、惟村から嫡男惟郷《これさと》へ、綸旨・令旨・重代証文などとともに、阿蘇以下四ヵ社領と代々の恩賞地惣領分地頭職が譲与され、惟郷は大宮司に就任した（写第十一）。

ちなみに、このころ、南朝系大宮司家でも大宮司の交代が起こっている。惟政から惟兼《これかね》への正確な譲与時期はわからないが、惟政の関係文書から判断すると、それほどかけ離れた時期ではなかったと考えられる。内乱後期を体現した二人が退き、対立を残しつつも、代替わりが進められていったのである。

ところが、惟郷の大宮司就任が周囲に認知されるには、多くの時間を要したようである。探題渋川道鎮《どうちん》（満頼）から安堵状が出たのは、六年後の応永十九年七月十五日である（阿一二一九）。四代将軍義《よし》持《もち》からの安堵には、さらに五年の歳月を要し、「阿蘇大宮司惟郷が申し出ている四ヵ社などの大宮司職および神領の所々について、現在の知行の通りに領掌を相違なく認める」という内容の袖判安堵状をもらったのは、応永二十四年五月十三日のことだった（写第六）。

その後、管領細川道歓《どうかん》（満元《みつもと》）を通して、義持の袖判安堵状の内容を執行するよう命じる施行状が満頼に出され、同年八月には、惟郷にも同じ内容のことが伝達されている（阿一二三四）。また、九月三十日には、筑前国早良《さわら》郡比伊《ひい》郷内の恩賞地も安堵されている。ここに至るまでの間、惟郷は渋川氏

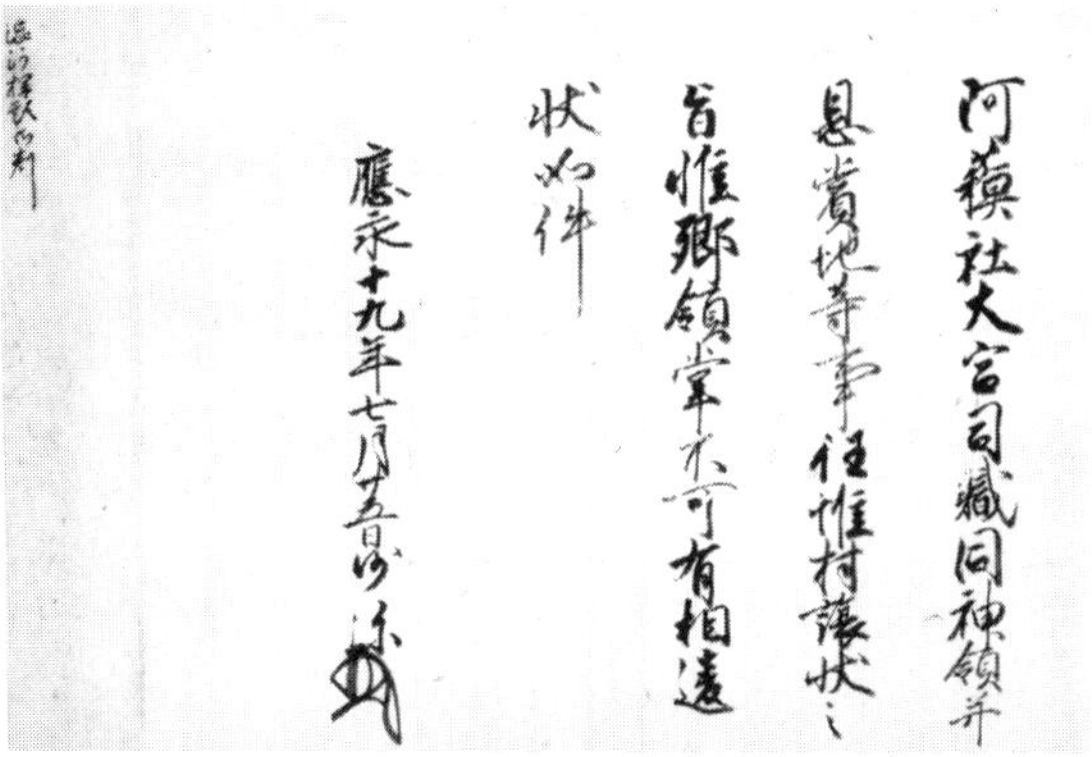
阿蘇社大宮司職同神領并
恩賞地等事任惟村譲状之
旨惟郷領掌不可有相違
状如件
應永十九年七月十五日

応永 19 年 7 月 15 日渋川道鎮（満頼）安堵状　阿蘇文書
熊本大学附属図書館蔵

や大友氏を通じて幕府有力者への働きかけをおこない、金銭や礼物を頻繁に贈っている。細川道歓へも、礼銭二千疋（二十貫文）と鶯《うぐいす》一籠を贈与しており、礼状の写が残る（写第七）。

このように、父の譲与から将軍安堵まで十年以上の歳月を要した背景には、対立する惟武系（南朝系）大宮司とそれを支援する菊池兼朝の存在があった。単に大宮司職をめぐる阿蘇氏の内部対立というだけでなく、内乱後期以来の中央との関係や、九州諸勢力の対立構図を引きずっていたのである。

だが、政治状況はそれぞれの思惑も絡んで変化していった。応永二十六年六月一日、菊池兼朝は惟郷に三ヵ条の契状を提出し、惟郷子息の家督相続の承認や意思の疎通を図ることなどを誓っている（写第九）。菊池氏を警戒する大友親著《ちかつぐ（あき）》も、惟郷との関係を強め、両者は応永二十七年から翌年にかけ

て契状と告文《こうもん》（偽りのないことを誓った文書）を交わし、「一味同心《いちみどうしん》」を誓約している（写第八）。応永二十九年五月付けの将軍家御教書写（写第十七）によれば、兼朝と大友親著は「鎮西錯乱」（筑後などをめぐる抗争）の中心人物で、幕府の上使《じょうし》小早川則平《こばやかわのりひら》（安芸国人沼田《ぬた》小早川家当主。幕命でたびたび北部九州に遠征）による追討の対象となっている。

このように、南朝系の大宮司勢力は徐々に追い込まれており、おおむね状況は惟郷に有利だった。しかし、争いは簡単には収まらず、惟政の子で大宮司を称する惟兼は、最後ともいうべき反撃にでた。応永三十年九月、雑掌が提出したと推定される惟郷糾弾の申状によると（写第十一）、前年二月に目安と証文を幕府に提出し、庭中での訴訟に発展したという。おそらく三問三答《さんもんさんとう》の訴陳《そちん》（状）が交わされたのだろう。

惟兼申状の骨子は、「惟郷は、実際にはわずかに甲佐社およびその社領を支配しているだけなのに、阿蘇一宮を現在支配しているというのは嘘である」という注目すべきものであった。

これは、惟村系（北朝系）大宮司が持つ権限の現実を、ある程度、言い当てているのだろう。名目上の大宮司は北朝系の惟郷、阿蘇社・阿蘇郡の実質的支配者は南朝系の惟兼というのは、あながち的外れな表現ではなく、実態に迫っていたのではないか。ゆえに、惟郷は軍事力の行使による奪回を図ろうとしたのだろう。惟郷は惟兼申状に対する目安を提出し、次のように逐一反論している（写第十一）。

①甲佐一所のみを知行、阿蘇一宮を不知行とするが、阿蘇に入部していることは、九州探題渋川義俊《よしとし》と上使小早川則平が確認しており、あえて陳述する必要はない。則平は、惟兼の城郭を破却している。

②惟兼は社職相伝の証状を有するというが、惟時以来、四代の証文と手継《てつぎ》御判は当方にある。

③忠節の有無について、父惟村は今川了俊に属し、凶徒《きょうと》菊池武光・武政・武朝と一命を惜しまず合戦し、一族譜代数百人が命を落とした。それに比べて、惟兼の曽祖父惟武は菊池に味方し、筑前蜷打《になうち》で戦死したではないか。何の忠節があるだろうか。

前述したように、応永三十一年三月に惟郷が提出した目安には、「当神草創以来廿七代惟郷に至る」、つまり阿蘇社草創以来の二十七代の相伝であると記され、はっきりと二十七代ということが意識されていたのである。

文書的には疑義があるが、相論の最中の応永三十年十一月十日、中務《なかつかさ》大輔惟郷を三位《さんみ》に叙する称光《しょうこう》天皇（在位一四一二～一四二八）の口宣《くぜん》が出されている（阿二四五）。称光天皇は、「将軍家の一族」とも評された天皇である。また、惟郷は渋川氏や大友氏に加え、当時、豊前・筑前など北九州に勢力を伸ばしていた大内氏の援助も受けていた。代々の相伝文書の保持・保管がいかに重要であるかを知る惟郷ならではの判断といえよう。後述するが、このことは永享三年（一四三一）六月に、惟郷が子息惟忠《これただ》に大宮司を譲与したのち、文書の相伝に関して、きわめて慎重におこなっていることにも示されている。

一方で、争いは続いていた。渋川義俊が応永三十一年三月に発給したと推定される幕府奉行人飯尾《いのお》隼人佑《はやとのすけ》宛ての書状がある（阿二四六）。ここで義俊は、惟郷の忠節を述べ、惟兼の押領《おうりょう》を非難し、「一昨年上意に従って互いに要害から退散したのに、惟兼は本城水口《みずぐち》城を取り誘い、成敗に従わないのは許されない」として、重ねての御判を求めている。これは、現地の状態が思うように改善していないことを示していよう。

惟郷が定めた「阿蘇社規式」

ただし、惟郷はこの状況に甘んじていたわけではなく、将軍家安堵状を背景に、阿蘇社やその神官・供僧たち、そして家臣団への統制を強めていったようである。

たとえば、応永二十八年（一四二一）三月、阿蘇一大夫に対して、忠節に報いて「権大宮司職」を安堵している（写第十五）。同三十年五月二十六日には、一大夫以下十七名の社家と、北坂梨惟照《これてる》ほか二十九名の給人が、それぞれ連署起請文（写第十八・第十四）を出している。ともに祭礼を怠らないことを誓ったものだが、長文なので、ここでは概要のみを示す。

①祭礼役田に相当する祭礼を欠かさないこと。

②社家のなかで、万が一、祭礼を欠くような人がいたら、たとえ親子兄弟、他人であっても言上す

る。その責任によって所職を没収されても異議は唱えない。
③祭礼の費用は、毎年収納する年貢をもって怠ることなく勤めること。
④社職あるいは給分の所々から収納する米は未進しないこと。
⑤神事社役などは、先例の憲法に従い、新義《しんぎ》はしない。
⑥給人のなかで、役田を知行しながら祭礼を無沙汰《ぶさた》する人がいたら、社家から言上し、社家で祭礼
　無沙汰の人がいたら、給人方から言上しても遺恨を抱いてはいけない。
⑦御岳に運上すべき荘内の供物は、旧例に任せて沙汰をいたしなさい。
⑧社殿その他の修理造営は、役田知行の輩は無沙汰することは許されない。

給人の連署起請文も、発給者の違いから表現に若干の違いがあるが、ともに八ヵ条からなり、文章は酷似している。同一人物に宛てて提出された起請文だろう。それは、状況からして惟郷以外には考えられない。十七名の社家は、一太夫から六太夫の六名、七祝から十祝の四名、それに国造祝・金凝祝・年預・諸神祝・権大宮司・権擬大宮司・天宮祝の七名である。一方、二十九名の給人は、表11の通りである。細かい分析は今後の課題だが、最初の三名は「惟」を名乗っているので一族縁者、今村姓が六名、「経」の名乗りが十名、「宗」の名乗りが四名と、同族的・地縁的な給人グループの存在がうかがえる。また、すべてというわけではないが、これまでいささか疎遠であった、阿蘇谷に本拠をおく給人が多いこともここからわかる。

表11　応永30年5月26日北坂梨惟照ほか29名連署起請文の署判者一覧（阿蘇文書写第14）

	署判者	本貫地（推定）
1	北坂梨筑前守惟照	一の宮町北坂梨
2	早奈良治部少輔惟憲	
3	小倉美濃守惟次	阿蘇町小倉
4	小嶋五郎三郎家守	阿蘇町湯浦小島
5	野中出雲守経次	一の宮町三野
6	今村隼人允家秀	
7	阿蘇品下野守宗氏	一の宮町三野
8	瀬田彦三郎宗光	
9	井手長門入道道清	一の宮町中通
10	今村神五郎村経	
11	三宮近江守胤光	
12	先二大夫愛得経則	
13	先二大夫乙房経徳	
14	横田孫房経頼	
15	今村入道宗光	
16	今村太郎家俊	
17	大戸孫太郎経景	波野村
18	同（大戸）塩一丸	
19	近珎子助二郎朝成	
20	三ヶ嶋弥八経通	
21	擬大宮司孫三郎経有	
22	倉原犬房丸	阿蘇町蔵原
23	湯浦九郎三郎	阿蘇町湯浦
24	岩下増童経家	一の宮町三野
25	同（岩下）三郎経勝	一の宮町三野
26	小塚増童経清	
27	小里将監入道道漢	阿蘇町小里
28	今村六郎次郎高家	
29	今村太郎四郎宗家	
30	久家百熊丸	

＊地名は合併前

さらに、永享三年（一四三一）には、大宮司惟郷の名のもと、正月十九日と六月十日の二度にわたり、「阿蘇社規式」（二五六・写第十五）が定められている。前者は、阿蘇社を阿蘇宮と記すなど近世の筆写で、文言などに疑わしい点はあるが、神事祭礼に出仕する神人や衆徒の勝手な欠席を禁じ、阿蘇社やその末社に関する古法を確認している。後者は、神事祈祷や社役の怠慢を戒め、十歳以上、六十歳以下の女性を住坊《じゅうぼう》に宿泊させることの禁止や、犯罪人がいれば隠すことなく寺社奉行に届けることなど、山上の衆徒行者に対して、日常生活や行動の規範を再確認している。

惟忠への譲与と九州の政治状況

応永三十五年（正長元、一四二八）正月に四代将軍義持が死去したのち、五代将軍義勝《よしかつ》が夭逝《ようせい》し、六代将軍に義教《よしのり》が就任した。このころは、九州探題の勢力が一段と低下し、かわって周防・長門守護大内盛見《もりみ》の勢いが増して、永享二年（一四三〇）から同三年にかけてしばしば戦争が繰り広げられた。こうした状況下の永享三年六月二十八日、盛見が大友持直《もちなお》・少弐満貞《みつさだ》との戦いで敗死するという衝撃的な事件が起こった。そこで、甥の持世《もちよ》が盛見の跡を継ぎ、持世は一族の持盛《もちもり》との対立をはらみながらも、大友氏らと対決していく。惟郷もこの対立のなかに巻き込まれていったのである。

盛見が敗死する十日前の六月十八日、惟郷は子の惟忠に、「阿蘇社大宮司職、同健軍・甲佐・郡浦四ヵ社領および矢部・砥用その外所領神領など」を「綸旨・御教書代々相続証文」を添えて譲与した。惟忠の大宮司職と社領の当知行を認める将軍家安堵御判御教書が出されたのは、永享五年十一月十四日のことである（写第六）。この間、惟郷に対して、大内持世からは子息安堵の京都への注進、官途受領のこと、惟忠の出陣に関する書状が出され、渋川満直《みつなお》からは、合力に感謝して京都へ注進する旨の書状が出されている。また、将軍家からは、惟郷の出陣・忠節のことが渋川満直へと伝達された。さらに、大友親綱《ちかつな》からは、豊後国井田郷（大野郡）などの知行宛行状や、惟郷との談合約定、下社造営への協力が約束されたのである。

状況は、大内持世が主導権を握る展開となり、菊池氏では、兼朝が子息持朝《もちとも》によって追放された。

永享十二年には、持世に敗れた少弐嘉頼《よしより》の赦免が問題となり、惟郷や惟忠にも残党の討伐などが命じられた。当時の大宮司は惟忠だったが、幕府や守護大名たちの認識では、惟郷こそが実質的な大宮司だったのである。同年三月二十七日、惟郷は惟忠へ書状を送り、阿蘇家伝来文書のことについて、次のように言及している（写第十二）。

これまでも、当家の文書を惟忠へ預けるよう、たびたび言われてきましたが、いままで私の手もとに置いてきました。安心できる状況なので、文書を一通残らず譲り、相続させます。文書の内容については、持参したときに詳しく説明します。詳細は村山播磨守から伝えさせます。

ようやく惟忠へ相伝文書を渡しても大丈夫だと判断したことがうかがえる。この年四月十日付けの「御教書請け以下條々手日記」（阿二六二）があるのも、これに関連すると考えられる。これで惟郷も一応は安心しただろう。とはいえ、惟郷は隠居の身ながらなおも健在で、「古上様」として惟忠を後援し、阿蘇氏のゆくすえを見届けることになるのである。

第三部　動乱の戦国時代と阿蘇

第一章　両大宮司家の統一とその実態

惟忠の登場

惟忠は応永二十二年（一四一五）の生まれで、当初、又次郎と称した。永享元年（正長二、一四二九）十二月十五日、菊池持朝を烏帽子親《えぼしおや》に加冠《かかん》、以後、惟忠を名乗った。その二年後に惟郷から大宮司職などを譲られ、その庇護のもとに力を磨いてきたことは、前述の通りである。永享十二年の少弐嘉頼の赦免問題では、惟郷とともに惟忠自身も幕府奉行人や奉行所、大友氏などと直接書状や請文のやりとりをしている。

惟忠の大宮司時代で、一番に特筆される出来事は、宝徳三年（一四五一）に南朝系大宮司の子孫との統一を果たし、大宮司家の分裂を解消したことである。すなわち、父惟郷と激しく争った惟兼の子加賀丞丸《かがじょうまる》（のちの惟歳《これとし》）をみずからの養嗣子としたのであった。

ところが、惟忠による統一過程について詳述したものは意外と少ない。杉本尚雄氏は、惟忠の大宮司相続が決まったときに一族の竹原惟貞《これさだ》・恵良惟楯《これたて》が提出した請文（写第十四）に注目し、阿蘇一族内を撹乱する家臣団の動向に懸念を示していたと指摘する（杉本一九五九）。稲葉継陽氏も、惟村系家臣団の優位性が統一の背景にあったとみている（稲葉二〇〇六）。

史料に目を向けてみても、阿蘇文書には、統一の経緯を具体的に記したものはない。本書でしばしば引用している『新撰事跡通考』には、そもそも統一の記述すらない。このような状況であるから、加賀丞丸への譲与問題、すなわち、分裂解消が遠からず課題になっていたとはいえ、それがいつから話題になっていたのかは不明とせざるをえない。ただし、宝徳三年前後に限ってみれば、惟郷が発した七通の書状がある。七月二十九日からわずか五日の間に矢継ぎ早に出されたもので、そのうち四通は確実に惟忠宛てである。時系列で並べると、次の通りである（すべて写第十一）。

①七月二十九日付け↓阿蘇殿（惟忠）　②七月二十九日付け↓御船殿（惟安《これやす》）
③八月一日付け↓阿蘇殿（惟忠）　④八月一日付け↓阿蘇殿ヵ（惟忠）
⑤八月三日付け↓阿蘇殿（惟忠）　⑥八月三日付け↓阿蘇殿（惟忠）
⑦八月三日付け↓阿蘇殿ヵ（惟忠）

惟郷は、惟忠が加賀丞丸へ譲与することに同意し、②で示されるように、御船惟安に宛て、小陣式部・西上野守の両名を遣わして書状を送ったことを伝えた。さらに続けて、次のように述べている。

老体ではあるが、万事こちら（惟郷）に任せてくれれば、斟酌なき（事情を考慮できない）老者（重臣）たちや領内のおとな（一族の長や実力者）と話し合うので、守護の振る舞いもすべてうまくいくと考えなさい。

ここで登場する「老者」や「おとな」とは、大宮司の分裂から百年もの間、惟郷系を支えてきた家臣たちである。彼らのなかには、惟忠に跡継ぎがいないとはいえ、対立する加賀丞丸へ譲与することに反対の立場をとる者もいた。こうした者たちへの説得について、惟郷は自分に任せるよう指示した。そして、有力な後継者の一人と思われる御船惟安宛ての書状（②）では、「神のため、または当家のため、領内の老若たちがよろこぶように取りはからいさえすればよいだろう」と述べている。

惟郷や一族の協力により、加賀丞丸の相続が老者たちの同意を得て決まった（③）。このとき、惟郷は祝儀として、加賀丞丸へ太刀一腰（目貫菊）と馬一頭（栗毛）を進呈している。

最も重要な祭礼・御田祭への参会

二つ目に特筆すべきは、寛正五年（一四六四）六月二十四日から二十六日、惟忠が北宮（国造社）と阿蘇社での御田祭《おんだ》に出向いたことである。御田祭は、現在の阿蘇神社でも最も重要な祭礼で、豊作を祈願するものである（佐藤一九九八）。北宮のほうが阿蘇社より二日早くおこなわれ、これは現代まで継承されている。

寛正五年の御田祭は、「大宮司が阿蘇社の年中行事にはじめて出仕」したと評価される出来事だった（阿蘇品一九九九）。それも、大宮司家統一から十余年後、領内の安定を確認し、はじめて惟忠は矢部の館から阿蘇社の地に赴いたのだった。「阿蘇大宮司惟忠阿蘇御田出仕次第写」（阿二七一。以下、「惟忠御田出仕次第写」と略記）や佐藤氏の研究などを参照しながら、その様相をみてみよう。

「惟忠御田出仕次第写」の冒頭には、「寛正五年肥後国阿蘇御田に惣官惟忠御出仕の次第を後日のため記しおく所なり」とある。阿蘇品氏は、この記録が「領内の武家と社家の棟梁であることを内外に示したデモンストレーションであり、その故にこそ、この儀式は末代のために記録されねばならなかった」と評価している（阿蘇品一九九九）。

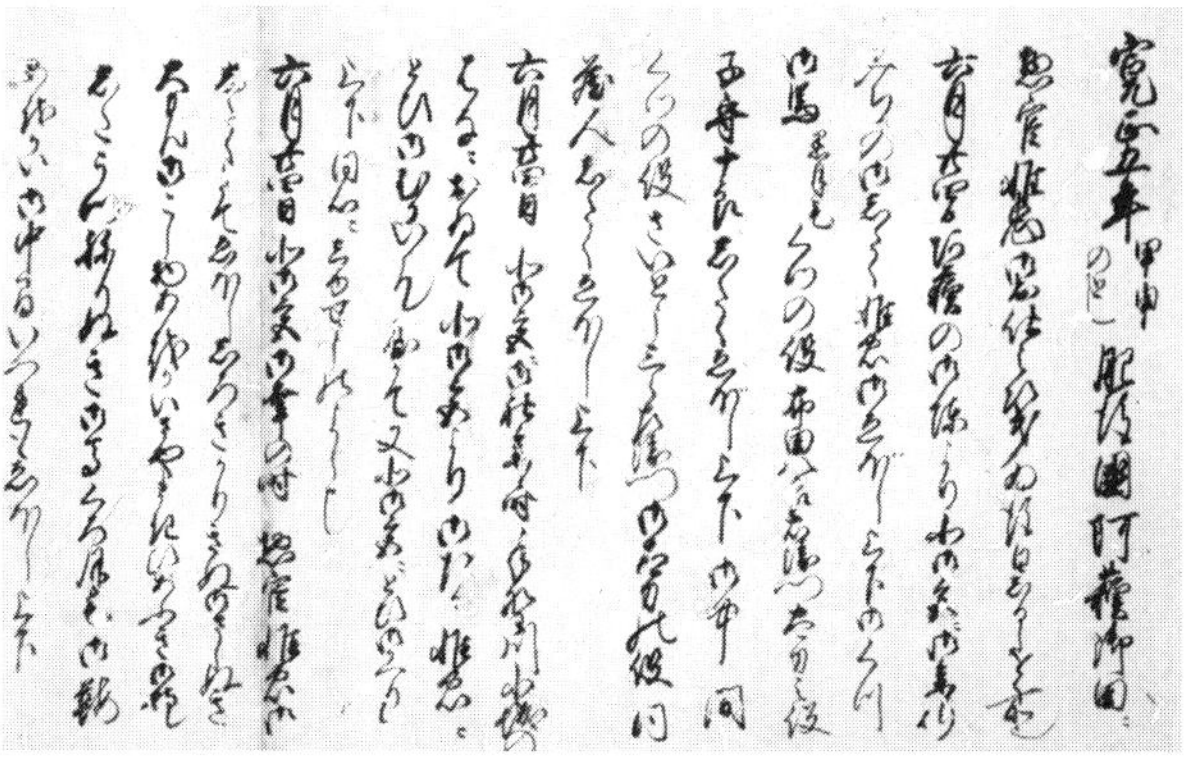

阿蘇大宮司惟忠阿蘇御田出仕次第写（冒頭部分）　阿蘇文書
熊本大学附属図書館蔵

御田祭は、北宮および阿蘇社への行列からはじまるが、阿蘇社年中神事次第写（写第十九）によれば、惣官に供奉するものは、社家が神官・権官の計二十一騎、供僧十五騎、早乙《さおと》女《め》五騎、宮廊戸魔智《くらうとまち》一騎、一から四の輿駕籠輿丁《こしかごよちょう》が四人ずつに二人加えた十八人、太鼓持ち二人、田楽《でんがく》九人、神人十八人、楽所十六人などという壮大なものである。

「惟忠御田出仕次第写」では、惟忠のいでたちが詳細に記されている。六月二十四日、惟忠一行は、「阿蘇の御陣」から北宮へ向けて出発した。彼は烏帽子を付け、上下《かみしも》に靴をはき、黒月毛《くろつきげ》（灰色を帯びた月毛）の馬に乗って向かった。靴役は布田《ふた》八郎右衛門、太刀持ちは子守十郎だった。

社参にあたっては、「惣官」惟忠は服装を改めている。立《たち》烏帽子に白い狩衣《かりぎぬ》と大紋《だいもん》の指貫《さしぬき》（大形の家紋五ヶ所のはいった袴）を着用し、腰には赤い鞘巻《さやまき》を指し、手には檜扇《ひおうぎ》を持ち、練貫《ねりぬき》の襪《しとうず》（やわらかい絹で作った足袋《たび》）に靴を履いた。馬にまたがり、鞍は青貝だった。このとき、太刀役は布田八郎右衛門、靴役は子守十郎に交代し、彼らは直垂《ひたたれ》に大口袴《おおくちばかま》を着用した。中間《ちゅうげん》は斉藤三郎左衛門と同蔵人で、烏帽子に上下だった。さらに、烏帽子に上下、弓矢を帯した十二人の騎馬武者がこれに随った。彼らは惟忠の近習で、このときは、小陣玄蕃允《こじんげんばのじょう》・坂梨又五郎・村山右衛門・高森伊豆守・竹崎安芸守・光永孫三郎・光永又四郎・鳥子若狭守・白石二郎太郎・船津民部少輔・伊津野十郎・北里安芸守だった。南郷谷と、その周辺の出身者が多いことが特徴的である。

北宮での着座位置は、「惣官」惟忠が二帖畳の上座に着し、左座には阿蘇一太夫をはじめとする社家が居並び、その背後に供僧が控えた。右座には権官が座り、中座には天宮祝が着座した。そして、四季の魚・粽《ちまき》・胡瓜を肴に宴が催されたのである。惟忠へ三献があり、初献の酌は村山右衛門、二献は阿蘇五太夫、三献は竹崎安芸守が勤めた。三献のときには、竹崎安芸守の酌で社家・供僧にもふるまわれている。

一日あけて、二十六日には惟忠は阿蘇下宮十二社に参詣した。惟忠の服装のうち、立烏帽子は同じだが、そのほかは北宮のときとは少し異なって、狩衣に黒い金襴《きんらん》、大紋の指貫、腰に青貝の鞘巻、檜扇を持ち、練貫の襪に靴を履き、青貝の鞍の馬にまたがった。太刀役と靴役、十二人の騎馬武者は同じであった。下宮でも酒宴が催され、酌の担当者に変更はあるものの、基本は同じである。ただ、のろうち（田植えでおこなう泥打ち祝のこと）に惟忠が馬を使って参加し、終わってから宮参りに同行している点は重要といえる。

文明年間の造営をめぐる思惑

応仁・文明の乱（一四六七〜七七）で社会が大混乱していたまさにそのとき、惟忠は阿蘇社の造営に取り組んだ。これが三つ目の特記事項である。造営工事の中心は、御嶽本堂の上葺きや下宮十二社の修造などであった。その費用を捻出するため、惟忠は社領に棟別銭を賦課した。阿蘇文書写には、文明四年（一四七二）八月下旬に徴収した棟別銭に関する記録が三点ある（写第二十二）。

一つ目は、八月二十五日付けの「阿蘇山本堂造営棟別料足日記写」で、阿蘇荘の根本所領ともいうべき阿蘇宮周辺の領地に賦課した記録である。各地域の家数が記され、一棟あたり十文《もん》を基準に、総計三十貫二五〇文が徴収された。このときの責任者は、新楽坊契弁《しんらくぼうけいべん》・下田能政《よしまさ》・小陣惟典《これのり》および中司《なかつかさ》の三人（家幸《いえゆき》・宗弘《むねひろ》・能安《よしやす》）である。

二つ目は、十一月二十六日付けの「阿蘇山本堂造営棟別料足請取日記写」である。阿蘇の根本所領の総額を筆頭に、健軍・豊田・堅（志）田など二十三ヶ所の徴収責任者から納入された棟別銭に対して、長善坊契秀《ちょうぜんぼうけいしゅう》・伍楽坊幸懐《ごらくぼうこうかい》・那羅延坊契久《ならえんぼうけいきゅう》の三名が請け取りの署判をそれぞれ加えている。これを一覧にしたものが表12である。この表によって、この時期の阿蘇社領の全貌や、徴収責任者となっている下級家臣団・殿原《とのばら》層の一部を知ることができる。実際に徴収された棟別銭の総額をみると、端数の社領もみられるが、一棟あたり十文の原則は同じである。

三つ目は、八月二十八日付けの「阿蘇山本堂造営棟別料足日記写」である。ここには、大野郷に所在する小村ごとの家数が細かく記されていることから、徴収にあたり、賦課台帳ともいうべき帳簿が作成・準備されていたことがうかがえる。このような厳格な徴収の結果、総額三五三貫九一七文が社領全体から上納されたのであった。

だが、棟別銭の徴収はこれには留まらない。文明四年八月、惟忠は守護菊池重朝へ棟別銭勧進《かんじん》の協力を求めたようで、重朝もこれを快諾している。重朝は、八月十九日付けの惟忠宛て書状で、御嶽本堂の上葺きならびに下宮の修造があるとのことを承り、老者（重臣）たちと相談して申し伝えると述べている。そして、十月二十三日付けの書状では、先例のことは知らないという「古老者」たちとは反対に、棟別銭徴収に向けて奔走する旨を述べ、すでに相良為続《さがらためつぐ》や名和顕忠《あきただ》らに協力を依頼する書状を送り、返事を待っていることを伝えている。実際、相良為続と名和顕忠に協力を要請する十月十一日付けの書状が残っている（写第九）。

表12　文明4年11月の阿蘇山本堂造営棟別銭徴収記録

	賦課対象社領	徴収責任者	徴収額	備考
1	阿蘇	新楽坊下田山城守（能政）小陣玄番尉（惟典）	30貫350文	阿蘇郡
2	健軍分	極楽坊田上甲斐守	8貫720文	託麻郡カ
3	豊田・堅志（田）	成満院渋河備前守	8貫130文	益城郡
4	上野・田代	大徳坊長野出雲守	5貫130文	阿蘇郡
5	早奈良・柏	円鏡坊目丸近江守	11貫5文	阿蘇郡
6	野尻・草壁	慈眼坊高柳又八殿	11貫文	阿蘇郡
7	津守	陽泉坊光永三郎左衛門尉	14貫810文	益城郡
8	甲佐	礼徳坊荒木殿	22貫662文	益城郡
9	大野・倉岡	妙円坊菅弾正殿	8貫200文	阿蘇郡・日向国
10	野（矢）部の中嶋	鏡観坊蘇生原二郎五郎殿	5貫570文	益城郡
11	砥用分	長善坊大山田源左衛門尉向山三郎左衛門殿	17貫810文	益城郡
12	勾野両（南北）小河	福性坊瀬田周防守	8貫180文	益城郡・八代郡
13	豊後うち家中	了忍坊矢村祝井手掃部介	4貫320文	
14	栗野・山田	幸宝坊三宮遠江守今村佐馬介	9貫960文	阿蘇郡
15	阿蘇横波野	道場坊三宮掃部介	5貫570文	阿蘇郡
16	南郷	實門坊原常陸守	44貫50文	阿蘇郡
17	野（矢）部	満福院	54貫900文	益城郡
18	中山・海東	大宝院田上新左衛門尉大山田新左衛門尉	19貫300文	益城郡・八代郡
19	南郷山西	了實坊荒木二郎衛門尉	9貫910文	阿蘇郡
20	正法新開	年行事福満坊	2貫70文	
21	小国	鏡一坊久木野殿	33貫860文	阿蘇郡
22	郡浦分	得善坊下田殿	17貫220文	宇土郡
23	近見分	極楽房	1貫190文	託麻郡
小計			353貫917文	

さらに、同内容の要請が、惟忠の家臣光永山城守や菊池氏の重臣隈部《くまべ》氏を介して、城為《じょうため》冬《ふゆ》・宇土為光《ためみつ》・高瀬《たかせ》泰朝《やすとも》・肥前徳鶴丸《とくつるまる》・詫磨重房《しげふさ》らにもおこなわれていたことが、返状の存在によってわかっている（二七二―二七六）。いずれも菊池系の国人たちである。

このころは、阿蘇社造営のための棟別銭を肥後国全域から、つまり一国平均の役として徴収するという慣例を、菊池氏の老臣ですら知らなかったというのが現実であった。それは、阿蘇社だけでなく、菊池氏による守護としての実態の裏返しでもあったといえよう。そもそも、建武政権から破格の恩賞として肥後国司に補任された菊池氏は、かつての飽田国府に所在した国衙や守護所の掌握には必ずしも成功しておらず、隈府《わいふ》（熊本県菊池市）を拠点としたところに支配の限界があったのである。

惟忠が、あえて重朝へ棟別銭勧進の協力を求めた意図は、本来の地位を回復した大宮司として、阿蘇社の造営を一国平均の役によって実現することで、その権威を肥後国内外に再認識させるねらいがあったと思われる。一方、重朝にしても、棟別銭徴収を通して領国支配を強化したいという思惑があったのだろう。ただし、菊池氏が直接徴収に関与するのではなく、「詳しいことは大宮司方から指示がありますす」というように（写第九）、菊池氏では守護権が及ばないことを表明し、あくまで仲介の立場に終始していることは注目される。

阿蘇文書写第二十に、文明四年十月付けの「阿蘇十二社ならびに本堂修造棟別壁書案写」がある。ここには、「定め　三文充て棟別のこと」として、「領内を一軒残らず調べて、十一月中に拝進しなさい。万が一、無沙汰の輩は、すぐに神罰をその身にこうむるか、あるいは信仰心をあつくして納めるよう努めるべきです」とある。これは、あくまで壁書《かべがき》の案文だが、十月という期日や三文という賦課基準額から判断するに、「領内」を必ずしも阿蘇社領内に限定する必要はない。もしかすると、相良領や名和領への賦課を依頼するときの土代《どだい》（下書き）であったのかもしれない。なお、徴収にあたっては、「領内一宇《いちう》残らず相調べ」とあるように、前述した大野郷でのような台帳作成が必要とされたのである。

こうした準備と協力要請を基礎に棟別銭は徴収され、具体的な額は不明だが、翌年十月には惟忠のもとへ届けられている。十月七日付けの惟忠宛て重朝書状では、相良為続からの棟別銭到来が告げられ、九月二十七日付けの重朝宛て為続書状（阿二八二）が添えられている。文明五年と推定される、惟忠の家臣田上惟吉《たのうえこれよし》から別庄《（所カ）》新衛門尉・岩田越後守に宛てられた十月三日付けの書状では、名和顕忠が阿蘇山本堂造営のため、十二年にわたり毎年銭十二貫を寄進することを約束し、昨年の分が到来したことへの謝辞が述べられている（西三一六）。すなわち、棟別銭の徴収とは別に、有力国衆からの造営寄進もあったのである。

年月日未詳だが、「阿蘇山本堂上葺材料切符」（阿二七七）や「阿蘇山本堂葺板諸郷等支配状」（後欠。阿二七八）にみえる用材の調達配分は、上納された棟別銭によって賄われたのであろう。後者には、「千五百枚　阿蘇」を筆頭に、下野《しもや》（矢）部《べ》・南郷・小国・津守健軍・郡浦・甲佐・砥用・中山・堅志田・豊田・勾野といった、表12と一致する地域の負担枚数が記されている。なお、文明四年七月付けの「阿蘇山本堂造営料木切符写」（後欠。西五七）も軒の材木目録である。

ところで、棟別銭徴収の協力要請には、惟忠の養嗣子惟歳《これとし》も関与していたようである。子の惟家《これいえ》に宛てたと推定される文明四年八月三日付けの書状のなかで、惟歳は、「本堂の造営について、当国で棟別銭を徴収することが決まった。日記のことを一日に聞いたので、重々見分けして、証状十九通をいま進上する。このうち、球磨《くま》からの棟別銭は隈部から遣わされ、そのほかは高森某と光永信濃方が請け取る」と述べている（写第十一）。また、翌年六月付けの菊池重朝宛て書状では、本堂造営についいて使者を遣わしたこと、かねてより計画していた今月十二日からの棟別銭催促について感謝の旨を伝えている（写第十一）。これは、惟忠と惟歳が別々のルートで働きかけをおこなっていたことを示しており、両者の間が疎遠であったことを垣間見ることができよう。

惟忠・惟歳・惟家の微妙な関係

次に、この時期の惟歳・惟家父子の動きについてみてきたい。惟忠から養嗣子惟歳へと大宮司職が譲られたのち、同職はさらに惟歳の子惟家へ譲られたと考えられている。ところが、惟忠は惟歳を大宮司に任じたが家督は譲らなかったという説や、惟忠は三度大宮司に就任したという説もある。つまり、阿蘇家の合体は額面通りではなかったということだろう。可能性のある一点を除き、惟歳と惟家が、大宮司を称して発給した文書は皆無なのがこれを裏づける。

文明七年（一四七五）七月二十二日付けの「阿蘇山本堂造営料足日記」（西一五九）は、山上衆徒で預かる本堂造営料足についての記録である。このなかに、次のような記載がある。

一、公方様よりご借用の分、野部公方様より五貫文、いまだご返弁がありません。
一、南郷よりご借用分十貫文、また九日の市に五貫文、あわせて十五貫文です。
一、古上様が豊後へお越しになったとき、千貫文を借用しました。借用状がここにあります。

「公方様」は惟家、「野部公方様」は惟忠、「南郷」は惟歳、「古上様」は惟郷とそれぞれ注記がある。また、別の史料により、惟歳は「南郷公方」と認識されていたことがわかっている。惟忠・惟歳・惟家は、「阿蘇の三人の殿」（文明十三年七月五日付け河内飛騨守政歳《まさとし》以下起請文）で、それぞれが尊称で呼ばれていたのである。

以上のことから、大宮司家が統一された後も、矢部・南郷・惟家居住地の三ヶ所が、それぞれ独立していたことがわかる。力関係からすれば、惟忠・惟歳・惟家の順番だったが、惟忠と惟歳・惟家父子の疎遠はさまざまな憶測を呼び、他者の介入を招くことになったのである。

こうした状況を顕著に示すと考えられるのが、文正元年（寛正七、一四六六）から文明八年（一四七六）にかけて、阿蘇社上宮・下宮などへの神馬奉納を記録した「阿蘇社奉納神馬注文」（写第三十四）である。一部に年月日などが確認しづらいところがあり、また、そもそも本記録自体が中欠・後欠で不完全なものである。これらを考慮してまとめると、おおよそ五十件あまりの寄進がみられる（表13）。

一見して明らかなように、寄進者の約半数（二十三件）を惟歳が占めている。彼以外の阿蘇一族は本記録に登場しない。寄進の内容は、①十一月二十日の臨時祭礼のための下宮への寄進、②上宮への頻繁な寄進、③文明三年の健軍社への初参詣および同月の郡浦社参にともなう寄進に分類できる。これらはすべて政治的な意味合いが込められているという特徴がみてとれる。

①の十一月二十日の臨時祭礼は、十四世紀の大宮司惟時の創始に関わるといわれている。養嗣子と

表13　阿蘇社奉納神馬注文（写三十四）

	和暦	西暦	月日	奉納者	奉納先	神馬数	神馬の特徴	出典頁	備考
1	寛正7?	1466	11月20日	阿蘇惟歳	阿蘇下宮	1疋	鹿毛印雀	702頁	臨時祭礼毎年神馬寄進
2	応仁元	1467	6月吉日	菊池重朝（守護）	阿蘇上宮	1疋	吉鹿毛印雀	699頁	
3	応仁元	1467	11月20日	阿蘇惟歳	阿蘇下宮	1疋	月毛	702頁	臨時祭礼毎年神馬寄進
4	応仁元	1467	12月日	菊池重朝（守護）	阿蘇上宮	1疋	河原毛	700頁	
5	応仁元	1467	12月吉日	村山刑部大輔	阿蘇上宮	1疋	月毛	700頁	
6	応仁2	1468	11月20日	阿蘇惟歳	阿蘇下宮	1疋	毛青黒	702頁	臨時祭礼毎年神馬寄進
7	応仁2	1468	5月吉日	阿蘇惟歳	阿蘇上宮	1疋	河原毛	700頁	
8	応仁2	1468	6月日	阿蘇惟歳	阿蘇上宮	1疋	毛青黒	700頁	
9	応仁2	1468	11月20日	阿蘇惟歳	阿蘇下宮	1疋	月毛	702頁	臨時祭礼毎年神馬寄進
10	応仁3	1469	2月吉日	阿蘇惟歳	阿蘇上宮	1疋	鹿毛印左	700頁	
11	応仁3	1469	4月吉日	池上	阿蘇上宮	1疋	黒毛	701頁	
12	文明元	1469	11月20日	阿蘇惟歳	阿蘇下宮	1疋	鹿毛駮	702頁	臨時祭礼毎年神馬寄進
13	文明2	1470	11月20日	阿蘇惟歳	阿蘇下宮	1疋	柑子栗毛	702頁	
14	文明2	1470	1月日	馬見塚方	阿蘇上宮	1疋	栗毛	701頁	
15	文明2	1470	2月吉日	犬飼	阿蘇上宮	1疋	鹿毛	701頁	
16	文明2	1470	2月日	菊池重朝（守護）	阿蘇上宮	1疋	月毛	701頁	臨時祭礼毎年神馬寄進
17	文明2	1470	5月日	山口方	阿蘇上宮	1疋	河原毛	701頁	
18	文明2	1470	7月日	阿蘇惟歳	阿蘇下宮	1疋	佐目毛	702頁	臨時祭礼毎年神馬寄進
19	文明3	1471	4月吉日	阿蘇惟歳	阿蘇上宮	1疋	鹿毛	703頁	
20	文明3	1471	5月吉日	阿蘇惟歳	阿蘇上宮	1疋	鹿毛	703頁	
21	文明3	1471	6月日	平河和泉守	阿蘇上宮	1疋		703頁	
22	文明3	1471	6月吉日	阿蘇惟歳	阿蘇上宮	1疋	黒毛	703頁	
23	文明3	1471	6月日	阿蘇惟歳	阿蘇上宮	1疋	黒毛	703頁	

24	文明3	1471	6月吉日	不詳	不詳	1疋	河原毛	704頁	甲佐三宮瑞想
25	文明3	1471		犬飼方	阿蘇上宮	1疋	黒	704頁	
26	文明3	1471		坂梨方	阿蘇上宮	1疋	栗毛	704頁	
27	文明3	1471	9月22日	阿蘇惟歳	健軍宮	1疋	雪目	704頁	はじめて社参。太刀一振
28	文明3	1471	9月26日	阿蘇惟歳	郡浦	1疋	黒駮	704頁	社参。太刀一振も
29	文明5	1473	正月8日	村山刑部	阿蘇上宮	2疋？	鹿毛・糟毛	704頁	下宮臨時霜月祭にも神馬月毛寄進
30	文明5	1473	2月吉日	東中務少輔	阿蘇上宮	1疋	栗毛	705頁	
31	文明5	1473	卯月5日	阿蘇惟歳	阿蘇上宮	1疋	月毛	705頁	
32	文明5	1473	5月吉日	やへのさいとう	阿蘇上宮	1疋	川原毛	706頁	
33	文明5	1473	6月吉日	田嶋方	阿蘇上宮	1疋	駮目	706頁	満楽坊より
34	文明5	1473	6月吉日	小森田出羽方	（阿蘇上宮カ）	1疋	栗毛	706頁	中尾坊より
35	文明5	1473	霜月20日	阿蘇惟歳	阿蘇上宮	1疋	駮目	705頁	
36	文明6	1474	2月28日	阿蘇惟歳	阿蘇下宮	1疋	黒月毛	705頁	
37	文明6	1474	閏5月3日	光永山城守方	阿蘇上宮	1疋	黒駮	706頁	
38	文明6	1474	閏5月18日	菊池重朝（守護）	阿蘇上宮	1疋	月毛印雀	706頁	
39	文明6	1474	11月20日	阿蘇惟歳	阿蘇下宮	1疋	栗毛	705頁	
40	文明6	1474	12月20日	阿蘇惟歳	阿蘇上宮	1疋	小月毛	706頁	
41	文明6	1474		竹原惟嘉	阿蘇上宮	1疋	糟毛	707頁	
42	文明7	1475	卯月吉日	甲佐三太夫方	阿蘇上宮	1疋	駮目	707頁	
43	文明7	1475	6月8日	村山源三郎方	不明	1疋		707頁	上宮・下宮不明
44	文明7	1475	6月18日	下田孫三郎方	阿蘇上宮	1疋	黒鹿毛	707頁	
45	文明7	1475	6月日	野部弥三郎方	阿蘇	1疋	栗毛	707頁	上宮・下宮不明
46	文明7	1475	11月20日	阿蘇惟歳	阿蘇下宮	1疋	栗毛	707頁	臨時祭礼
47	文明8	1476		北里常陸介	阿蘇上宮	神馬	鹿毛糟毛	707頁	
48	文明8	1476		池上八郎衛門	阿蘇上宮	神馬	月毛	707頁	

して大宮司職を譲位された惟歳は、惟時の正統な継承者であることを強くアピールしようとしたのではないだろうか。

②は、前述の棟別銭徴収からもうかがえるように、上宮、すなわち山上の学坊や衆徒、行者《ぎょうじゃ》集団を取り込み、密接な関係を構築しようという意欲の表明である。惟歳関係文書は十数点あるが、借金の申し込みも含めて、西巌殿寺文書が比較的多いのはそのためだろう。

③は、健軍社や郡浦への積極的な関与の事例である。年欠七月二十日付けの惟家宛て惟歳書状写（写第十二）は、健軍社造営の勧進について触れたもので、棟別銭だけでは造営が難しいので、神馬を寄進する旨を述べている。

こうした惟歳の動きを支えたのは、菊池重朝だったと考えられる。彼の神馬寄進はわずか四件だが、惟歳に次いで目立っている。

応仁元年（一四六七）二月四日付けで惟歳から阿蘇山年行事に宛てた書状案（西三〇六号）は、「肥州様」（重朝）が十五日に来るので、接待費用の借金を申し込んだものである。惟歳は、「この上の客、来候まじく候」、すなわち、これ以上の客人がくることはありませんと重朝訪問の重みを強調し、また、みずからが以前、隈部に行ったとき、盛大な歓待を受けたことを引き合いに出して、精一杯奔走しているので、寄合中で相談して十貫文を借してほしいと頼んでいる。この借金については、別の書状で、来春には返済する旨が成満院《じょうまんいん》に述べられている（同年二月十五日付け惟歳書状。西九八号）。惟歳と重朝が互いに行き来する関係にあったことがわかる。

神馬寄進者には、阿蘇氏の家臣団や在地の小領主とならんで、小森田《こもりだ》氏のような菊池氏の重臣も散見する（小森田氏は、隈部・城・赤星に次ぐ重臣）。おりしも、応仁・文明の乱のまっただなかであり、神馬寄進に別の意味合いが込められていたことも考えられるが、惟歳は、そうした動きとは縁が薄かったと思われる。

惟歳の借金申し込み事例はほかにもあるが、応仁二年十二月三日付けの阿蘇山成満院永弥《えいちん》書状写（写第十八）のように、惟歳という存在の重さをうかがわせる史料もある。本書状は、永弥から寺社取次の村山伊豆守・下田掃部両名に宛てて、万福院《まんぷくいん》・学頭坊《がくとうぼう》・万楽坊《まんらくぼう》の遺嗣や後継者について触れたものである。本文中に「公方惟歳公の御機嫌に叶うよう、よろしく頼みます」とあることから、惟歳の意向が重視されていたことがわかる。

一方、惟家関係の文書で年次が判明する最初のものは、文明九年（一四七七）七月二十五日付けの置文（近世の写。満一〇）である。ここで惟家は、阿蘇大神護寺免以下十ヵ所の満願寺領を、「宇治朝臣惟家」の署判で認めている。注目されるのは、「惟時の遺戒《いかい》に任せて、一所たりといえども、自他の妨げ」などを許さないこと、「遠くは惟時の善言を守り、近くは惟歳の証状を仰ぐ」ことを強調し、惟家もまた、父惟歳と同様に、惟時の存在を援用していることである。

このほか、年次不詳だが、玉名の広福寺《こうふくじ》に旦過《たんか》（修行僧）接待料田六段三丈を新寄進したり（広福寺文書八九）、阿蘇中宮の奇瑞について立願《りつがん》のために神馬を寄進して、仁王経・大般若経の転読を願ったり（西三〇四）、阿蘇山衆徒へ鹿渡橋のことについて積極的に関与したりしている（西七二）。また、文明十一年には、権大宮司の神領継目のことで公方（惟歳）へ口添えし、安堵を伝えている（写第十五）。

ところで、惟歳と惟家が大宮司として発給した文書は、可能性のある一点を除いては皆無であると先述した。その一点とは、矢部の身内である「中将」に宛てた文明十四年（一四八二）九月十七日付けの置文写である（写第十二）。文中に欠損が多少あり、文末に「阿蘇大宮司」とあるのだが、肝心の名前から下がこれまた欠損している。それでも時期からであろう、阿蘇大宮司は惟家と注記がされており、文書名もそのようにつけられている。内容の大略は、次の通りである。

惟忠が菩提所として一寺を建立して以降、矢部の寺河口村（山都町）と砥用の金木村（美里町）を寺領とするよう定めたのは、もっとも肝要なことである。寺河口村については、「公方さま」へ料足（代金）三十貫文を渡したとのことだ。金木村については、倉原氏の給分地なので、永代に三十貫文で買得し、寺領として定めた。もし、倉原氏の子孫たちが異議を申し立てたら、この証文をもって処置すべきである。この二ヵ所は大義に代金を渡したので、他の妨げはない。この置文は、後日のために書き置くものである。これに背く者は、たとえ子孫であっても許されない。

だが、本文書の「大宮司」を惟家に比定することには、大きな疑点がある。それは、存命している惟忠への敬称がまったくないからである。矢部の身内とあるからには、惟家の親族とも考えられるが、惟忠が建立した寺院の領地に関する内容だから、惟忠の身内と考えることもできる。また、詳細は後述するが、「公方さま」の表現もみえる。

文明十三年七月五日、河内政歳以下十六名が三ヵ条の起請文を提出した（写第九）。十六名の内訳は、河内政歳のほか、向山姓が七名、柴原《しばはら》姓が二名、左藤《さとう》姓が二名、三田井《みたい》・山崎《やまざき》・塩市《しおいち》・安徳《あんとく》姓が各一名である。彼らは阿蘇社領の在地領主ではないが、起請文の第三条に、「阿蘇の三人の殿に対して、二心《ふたごころ》や野心の儀を存ずることは決してありません」とある。この時期に「阿蘇の三人の殿」と認識されているのは、いったいだれなのだろうか。先述したように、「公方様」は惟家、「野部公方様」は惟忠、「南郷（公方）」は惟歳である。つまり、「阿蘇の三人の殿」とは、惟忠・惟歳・惟家の三人の公方を指している。

となると、この置文に登場する「公方さま」は惟家であり、大宮司は別の人物ということになる。惟忠を敬称なしで呼べるのはだれか。それは、惟忠の実子で後継者にあたる人物ということになるが、まだ確実なことはいえないので、ここでは保留にしておきたい。

全面対決となった馬門原合戦

惟忠の晩年に男子（惟憲《これのり》）が誕生したことは、惟村系から惟武系への禅譲《ぜんじょう》によって大宮司家の統一を図る契約条件を反故《ほご》にする事態となり、さらなる緊張状態を招くこととなった。文明十六年（一四八四）三月二十八日、惟忠は権大宮司播磨に宛てた書状のなかで、次のように述べている（写第十五）。

このたびの弓矢（闘い）は、我々に誤りはありません。菊池重朝や惟歳・惟家から仕掛けてきたものです。当家の一家譜代の人々は、我らに一味同心すると申しています。それなのに、権大宮司新左衛門は重恩を忘れて惟歳・惟家方につきました。そこで、権大宮司職や年預職は、貴殿に知行を安堵します。

本文書の発給以前から、双方の軍事的衝突は起こっていた。阿蘇氏との関わりはよくわからないが、おそらく同月の相良為続による名和顕忠攻撃とつながるものであったと思われる。前年十二月二十日、惟歳は阿蘇山年行事《ねんぎょうじ》万福院に宛てた書状のなかで、当国の大規模な合戦について神の腰物二腹などを受けとったと述べており、この時期の阿蘇周辺が不穏な情勢にあったことがわかる。

文明十六年の衝突では、大半の人々が惟忠を支持したが、権大宮司のなかにも敵対する者がいたように、社家の分裂・対立を招いたのだった。こののち、惟忠は多くの安堵状を発給し、小国の矢津田《やつだ》氏には炭切居《すみきりい》屋敷、佐渡氏には豊田の内の田馬《とうま》や郡浦の一ヵ所、肥前公には阿蘇山の新楽坊職や下宮社の勤力供僧職の相続知行をおこなっている。これらは恩賞的意味合いを込めた、いわば本領安堵だったと思われる。

しかし、このころの惟忠の体調は芳しくなかった。文明十三年六月八日には、惟忠は病のため、如《によ》法経《ほうきょう》（法華経）による逆修《ぎゃくしゅ》を依頼したものの、筑後出兵の噂があったので中止した。そこで、鳥《ちょう》目《もく》二〇〇〇疋（銭二十貫文）を寄進していた大山寺《たいさんじ》（天台宗。本尊：薬師如来。坂梨馬場に廃寺跡がある）に対して、同十七年五月一日、病気回復・息災延命の祈祷のために再度鳥目一〇〇貫文を送り、八日には村山惟貞《これさだ》・惟明《これあき》が連名で阿蘇山衆徒に鳥目一〇〇貫文を進上し、惟忠の回復を祈願している（写第三十二・西二一八）。福王寺過去帳によれば、惟忠はこの月、七十歳で世を去っている（法名：忠光院）。現在、山都町矢部の城平字原（片平）の慶蔵寺《けいぞうじ》墓地に、「文化乙亥春修造」（文化乙亥は一八一五年）と追刻された墓標があり、「正三位阿蘇前大宮司宇治朝臣惟忠郷之墓　文明乙巳五月朔日」の銘がある。

なお、惟忠は文明九年九月二十四日、男成《おとこなり》社へ太刀一腰を寄進し、戦勝を祈願している（男成四・写第三十二）。男成社は、大宮司が代々元服の式をあげたと伝わる神社である。前日の村山惟広《これひろ》書状によれば、このとき寄進したのは秘蔵の「おかはし」という太刀であった（同三・写第三十二）。その実物と思われるのが、男成社に伝来する、茎《なかご》に「友成《ともなり》」の銘がある刃長七四センチメートル・反り二センチメートルの太刀で、鎌倉期の作と推定されている（有木二〇〇六）。

さて、惟忠の死去前から顕在化していた対立は、ついに全面的な戦いとなった。それが、文明十七年の馬門原《まかどはら》（幕《まく》の平《だいら》）合戦である。馬門原は、浜の館の北西、直線にして約四キロメートルに位置する。現在の山都町矢部山田の山田池（大久保溜池）東方の台地でおこなわれ、惟憲を支援する相良為続の軍勢と、惟家を支援する守護菊池重朝の軍勢が衝突した。相良氏と菊池氏の代理戦争の性格を帯びたこの戦いは、菊池氏の敗北に終わり、その権威を大きく失墜させた。戦いそのものについての記録は乏しく、詳しい様相ははっきりしない。時代は下るが、天文五年（一五三六）十一月二十二日付けの「沙弥《しゃみ》洞然（相良長国《ながくに》）長状」（相三一九）には、「阿蘇一家錯乱」について、守護（重朝）は惟家へ合力し、惟忠は惟憲に大宮司職を相続させ、まもなく逝去した。一方、八代（相良）は惟憲に与力した。守護の軍勢が多数出陣したので、馬門原にて相良方の衆と合戦になり、守護方の主だった面々数十人を討ち取ったと記している。

下野狩祭礼の謎

話は多少前後するが、下野狩《しものかり》について簡単に触れておきたい。下野狩は、ほかの阿蘇社祭礼と異なり、最大規模の祭礼である。大宮司の主導（奉行は下田氏）のもと、閉鎖的な社殿ではなく、広大な原野を舞台に、阿蘇領全域から人々を動員して催された重要行事といえる。

とはいえ、研究史上の論争もあって、全面的に取りあげるのは容易ではない。惟忠時代を取りあげる理由については後述するが、まずは下野狩の概略を述べよう。

下野狩とは、表1で示したように、二月最初の卯の日に、阿蘇五岳の西麓部末端に位置する下野でおこなわれた、大規模な狩猟祭礼（神事）である。阿蘇大明神（健磐龍命）が、南郷の草部吉見《くさかべよしみ》明神、下田の卯添《うぞえ》明神と狩りを楽しんだ故事《こじ》にちなむもので、大宮司は大明神の代理として、権大宮司は草部吉見明神、下田権大宮司は下田卯添明神に代わって狩りの中心となった。実施にあたっては、一の馬場（鬢搔《びんか》きの馬場）、二の馬場（中の馬場）、三の馬場（赤水《あかみず》の馬場）と、三つの馬場が設けられた。

一の馬場では、南郷や矢部を早朝に出発してきた大宮司と、宮地から来た権大宮司が出会った。この馬場で大宮司は狩装束を整え、鬢を搔いて身支度をしたので、「鬢搔きの馬場」の名称がある。大宮司は、白木の弓矢と白皮の弓懸けを身につけ、白皮の沓を履き、五色の幣《ぬさ》を腰に指して、輿に乗って二の馬場へと移動した。ここでは狩祭がおこなわれ、山上筆頭寺坊の成満院が行法を修め、供僧が大般若経を読誦した。続いて火入れがおこなわれ、勢子《せこ》（責子）として社領から徴発・動員された、二〇〇〇人とも、三〇〇〇人ともいわれる人々が、北宮の鯰に捧げるための猪や鹿を追い立てる。これを、大宮司が率いる阿蘇一族ら騎馬武者たちが三隊に分かれて鏑矢《かぶらや》で射った。神聖であるべき神社が殺生《せっしょう》をおこなうので、「方便《ほうべん》の殺生」ともいわれている。

下野狩の様子は、貞享元年（一六八四）に肥後狩野派の祖とされる薗井守供《そのいもりとも》が描いた「下野狩図」（阿蘇家蔵。六幅のうち三幅が現存）などで知られる。問題は記録である。下野狩の同時代史料は存在せず、後世の記録だが、「下野狩図」では次の五点が代表的な史料として紹介されている。

①「下田豊前守覚書」（天正十三年（一五八五）、下田能莫の記録。『肥後古記集覧』所収）

②「下野狩旧記」（上・下二巻。慶長十二年（一六〇七）、村山丹波守惟尚の記録。永青文庫所蔵。上妻

文庫に写）

③「下野狩旧記抜書」（承平年間から正徳年間の史料を蒐集。永青文庫所蔵。上妻文庫に写）

④「下野狩集説秘録」（阿蘇家所蔵本は『神道大系』、下田家所蔵本は『阿蘇町史』に収載）

⑤「下野狩由来記」（村崎真智子『阿蘇神社祭祀の研究』に翻刻収載）

①「下野狩旧記」・③「下野狩旧記抜書」は、これまで熊本県立図書館所蔵上妻文庫の写が知られていたが、近年、これらを精査した飯沼賢司氏は、永青文庫所蔵本を底本として、『阿蘇下野狩史料集』（二〇一二年）を編纂した。飯沼氏は同書で、旧来の下野狩研究の問題点を指摘しつつ、とくに②「下野狩旧記」の重要性を強調している。

飯沼氏によれば、④「下野狩集説秘録」は、②「下野狩旧記」・③「下野狩旧記抜書」をベースに、神道《しんとう》・国学《こくがく》の立場から仏教的な説明を極力排除して成立したもので、『下野狩旧記』は系図を除けば鎌倉末から南北朝時代を中心にまとめられたと推定される（飯沼編二〇一二）。これによって、「『集説秘録』では年代が不確定で使用できなかった狩記録が、ある程度史料として使用可能になると同時に中世まで遡る新しい史料が発見されたともいえる」と高い評価をしている。

飯沼氏の見解については、阿蘇品保夫氏が書誌学的な考察も含めて綿密な反証を試みている（阿蘇品二〇一五）。筆者はこの問題に立ち入ることはできないが、仏教的な説明を極力排除しているということでは、前述した近世阿蘇宮の祭礼から仏教色の濃いものが消滅していることと同様の傾向をみることができよう。

下野狩が天正年間に廃絶した点については、研究者の間で意見が一致している。ところが、始期については、古代説、十五世紀半ば説、時期不詳説と一致をみていない。下野狩が源頼朝のおこなった巻狩《まきがり》の源であるという伝承は、下野狩神事を古いものにしている。その一方で、飯沼氏の見解では、十四世紀に記録がまとめられたことになるので、下野狩の始源はかなり時期が下る。下野狩研究をリードしてきた阿蘇品氏は、阿蘇氏がおかれた状況から、十五世紀後半の惟忠の時期を措定している。本書で惟忠時代の下野狩を論及したのもそのためだが、阿蘇品氏も下野狩の原型となるような祭礼は古くからあったとしている。

飯沼氏の所論に関わって、もう一つ注目されるのは、鎌倉末期の大宮司惟国と惟時である。とくに、②「下野狩旧記」での惟時の存在は大きい。惟国から惟時への大宮司移譲については、何らかの軋轢があったのではないかと本書でも予測を述べた。詳述したように、惟時は十四世紀内乱での活動が顕著で、大宮司権力とその性格の転換を体現した人物であることはまちがいない。

ただ、下野狩の確実な同時代史料が、十五世紀後半から十六世紀にしか残っていないことも事実である。現在、ある程度確かな時期がわかっている史料は、皮肉なことに、文明十七年に馬門原（幕の平）合戦で敗れた惟歳・惟家が発給した文書各一通の計二点である。ともに年次不詳で、惟歳のものはかなりの部分が前欠で、宛名もないので、ここでは惟家のものをとりあげることにする。

年不詳三月十日付けの阿蘇山年行事宛て惟家書状（西七五）には、次のようにある。

明日十一日の下野狩（の準備）で奔走しています。ご存知のように、大儀の神事です。上宮・中宮・下宮、そして北宮で祈祷に預かりたいです。そこで、大般若経三部をお願いします。当家の安全、下野狩神事の成就を祈祷願います。

惟家関係文書の年代から推定すれば、文明年間後半のものと考えられる。このときは、二月ではなく、三月中旬初めに実施されている。実施にあたり、惟家は上宮以下に狩りの成功の祈祷を要請している。彼は、二の馬場での狩祭差配の責任者だったのだろうか。世上の混乱のなかでも、神事の成功を期さねばならないほどの重要行事であったことがうかがえよう。ゆえに、下野狩を実施できるかどうかは、阿蘇大宮司家のゆくすえを左右する試金石であったといっても過言ではない。それほど重みのある行事だったので、延徳三年（一四九一）、惟憲《これのり》の時代に下野狩の概略がまとめられ、近世になっても行事再興が企図されたのだろう。

第二章　ふたたびの分裂と阿蘇家大乱

惟忠の跡を継いだ惟憲

惟忠の死去直前に跡を継いだ惟憲（乗）は、有力家臣や相良為続などの支援を受け、惟家らとの決戦を乗り切ることができた。彼が大宮司に就任したことを示す確実な物証は、西野宮《にしのみや》神社（南阿蘇村河陽）の梵鐘に刻まれた延徳三年（一四九一）の銘文で、次のように記されている。

大日本国鎮西肥後州阿蘇の南郷西宮御宝前に謹んで施入奉ります。（中略）
　阿蘇三社大宮司宇治朝臣惟憲
　大願主下田右衛門尉宇治能続《よしつぐ》

この梵鐘には、永正八年（一五一一）の戦いで一度豊後へ持ち去られたが、大永六年（一五二六）に阿蘇惟豊《これとよ》が取り戻したという追銘がある。この点については後述する。

惟憲と並んで名を連ねる下田能続は、権大宮司である。下田氏は、草部権大宮司の系譜を引いている。当時の権大宮司は、中司の一人として阿蘇西郷を管轄し、権官八名のうちの最上位にあり、大宮司の代理として強い力を持っていた。また、西野宮は下田氏が管理していた。西野には、阿蘇祭祀の中心地である下野・鷹山があった。

　惟憲と権大宮司下田氏との関係は、文明十八年（一四八六）十二月二十三日、能続の伯父にあたる権大宮司能世《よしよ》が、満願寺救照院《きゅうしょういん》に質入れしていた池田八段の請け返しを求めた相論で、惟憲が証状を与えていることでもわかる（写第十五）。この一件は、満願寺の言い分もあり、うまくいかなかったようだが、明応三年（一四九四）二月二十四日には、池田の代わりに水口村やはらき園村、あひとう園の田地五段三丈が与えられている。また、同年三月十八日には、下宮社福楽院《ふくらくいん》供僧職を子息宮童《みやどう》丸《まる》に相続することを認めており、ここからも両者の関係がうかがえよう。

　なお、明応三年正月二十八日に室町将軍家の御内書《ごないしょ》が届き、上意に任せて忠勤に励むことを阿蘇三社大宮司として誓っている（写第十一）。ちなみに、この御内書は前年の十一月二日付けであり、到着までにおよそ三ヶ月を要している。

　惟憲時代に注目されることは、明応七年四月吉日付けで、矢部の御所を守護する番役を中司が整備していることである（野部侍番役次第写。写第十四）。「一番　四太夫　五太夫」というように一番から十七番まで、社家・権官・有力家臣が二名ずつ記されている。これは各番の責任者だろう。惟忠から惟憲のときに浜の館が整備されたといわれているので、これに即応したと考えられる。惟憲がいつ他界し、いつ子息に大宮司職を譲与したかはわからない。子供は、嫡男に惟長《これなが》、その弟に惟豊、名和武《たけ》顕《あき》の側室となった娘がいたことがわかっている。

守護として推戴された惟長

惟憲の後継者となった惟長は、みずからの野心が招いたこととはいえ、祖父惟忠によってまがりなりにも統一が実現した一族や家臣の分裂を再度引き起こし、波瀾万丈の人生を送ることになった。

惟長の相続時期は不明だが、文亀元年（一五〇一）と推定される閏六月一日付けの足利義稙《よしたね》御内書（阿一一九二）での宛名の大宮司は、惟長に比定されている。御内書の内容は、周防国へ下向し、大内義興《よしおき》に合力するよう求めたもので、惟長はこれに応える請文を七月十七日付けで発給している（写第十二）。

文亀元年の肥後国内では、阿蘇氏に多大な影響を与える事件が起きていた。守護菊池能運《よしかず》が重臣たちと対立し、叔父の宇土為光によって守護の地位を奪われたうえで守護所隈府から追放され、肥前高木（佐賀市）へ亡命したのである。さらに、宇土為光を支持する菊池・山鹿《やまが》・山本・合志《こうし》の国人たちと、相良長毎《ながつね》と抗争していた八代の名和氏が結びつく事態へと発展した。守護復帰をのぞむ能運は、玉名や詫麻・飽田郡の国中周辺勢力や天草の勢力、そして相良長毎らの援助を期待した。

この激しい争いに、惟長も否応なく巻き込まれていった。菊池・相良・名和のほか、豊後大友氏との接触が頻繁におこなわれるようになったのである。文亀二年から、能運は木山二五〇町と木山《きやま》城（益城町）を担保に、惟長へ直接、あるいは惟長の家臣を通して、木山城への入部を再三催促した。惟長は、「彼の家風や評定を以て」、つまり、一族や家臣団と話しあいのうえ、近々返事をすると答えている（相二五八）。具体的にどのように動いたかはともかく、惟長が武運を援助したことは事実である（相二六〇）。だが一方で、相良長毎と名和顕忠が戦った際には、惟長は長毎方に味方している（相二六一ほか）。

　こうした援助を受けて、能運は文亀三年に守護の地位を回復したが、翌永正元年（一五〇四）二月、二十三歳の若さで急死した。遺命によって、後継には肥前守重安《しげやす》の子息政朝《まさとも》（のちに政隆《まさたか》と改名）が推されたが、菊池氏家臣団は再度分裂した。そうしたなか、政隆の対抗馬として後継候補に急浮上したのが、惟長だった。

　永正二年九月五日、肥後北部の侍衆二十二名は起請文を提出した。はっきりと明示されてはいないが、政隆との「弓矢」（戦争）が必至であり、阿蘇十二宮大明神を起請の筆頭神としていることから、宛先は惟長でまちがいなかろう（写第十）。翌日、惟長は、大友氏や相良長毎と相談し、油断なくしっかり準備をして結束することが肝要であるとの返状を出している（写第十一）。本書状は写で、宛所もわからないが、「誓文への返事の案」との注記がある。

　二ヶ月後の十一月十八日、隈部武治《たけはる》・赤星重規《しげのり》を代表とする菊池氏の有力家臣ら十五名は、大友義《よし》長《なが》の二男重治《しげはる》（のちの義武《よしたけ》）が相続することを聞き、千秋万歳であるとの内容の連署状を村山惟貞に提出している（阿三〇〇）。同日、この十五名は、城頼岑《よりみね》・小森田《こもりた》能世《よしよ》を代表とした連署状を同じく惟貞に送り、敵を早々に退治すべきとする大友氏の意向を伝えている（阿三〇一）。この二通の連署状によると、菊池氏後継者の第一候補は大友重治であり、その実現のために政隆を軍事的に殲滅することを約諾していた（阿蘇品一九八八）。しかし、重治はまだ幼く、大友氏としても、露骨な介入と菊池氏惣領家簒奪の悪評は避けたかったのだろう。これこそが、惟長擁立の主因であった。

永正二年十二月三日、城頼岑・隈部武治・赤星重規以下八十八名の武士たちは連署起請文を提出し、惟長への合力と野心がないことを誓い、肥後国守護への推戴を明らかにした。こうした動きには、この年九月二十二日、大友方の軍勢が国境の小国に入り、十月二日に木庭《こば》に陣取った（相二七五）ことが大きく影響している。同月十三日、菊池政朝は相良氏へ書状を送り、大友氏の軍事行動を伝えるとともに、本来は阿蘇甲佐社領である北小河・守山・海東・小熊野の領有を認めている（相二七三）。同日、城政冬《まさふゆ》・隈部忠豊《ただとよ》・内古閑《うちこが》重載《しげとし》の三名も大友氏の軍事行動を伝えている（相二七四）。菊池氏の有力家臣団も分裂していたが、なかには内古閑重載のように、ほどなく惟長推挙に賛成する者もおり、さながら戦国時代の混沌とした様相を呈したのであった。それにしても、惟長への合力が名目とはいえ、阿蘇領へたやすく軍事的行動が取れたというのは注目されよう。

こうして、ついに惟長の守護職相続が決まった。永正四年（一五〇七）、惟長は隈府に入り、菊池武経《たけつね》と改名し、肥後国守護に就任した。阿蘇氏系菊池氏守護の誕生である。しかし、玉名郡の石貫《いしぬき》に拠った政隆との交戦は続いていた。永正四年八月十一日付けの「阿蘇山衆徒年行事祈祷条目」（西二二六）には、「当国の弓矢（戦争）は石貫へと向かっており、勝利を祈念致すべく、成道坊《じょうどうぼう》が使いにて申し候条目」との裏書きがあり、十ヵ条の祈祷条目が記されている。その筆頭は「国家静謐のこと」、続いて「守護様代始めのこと」、さらに「惣官御代始めのこと」とある。「守護様御代始め」とは、惟長の守護としての職務のはじまりを指し、「御惣官御代始め」とは、惟長の跡を継いだ弟惟豊の大宮司としての職務のはじまりをさすと考えられる。

惟長から武経への改名の時期について、永正四年八月二十日付けの阿蘇山成満院衆徒中宛て書状（西二二一）では、依然として惟長を使用しているが、同年十二月十五日付けの阿蘇山衆徒中宛て書状（西九九）では武経を称しているので、この間に改名したと考えられる。本書では、煩雑さを避けるため、惟長の呼称で統一する。先の書状のなかで、惟長は「治国《ちこく》の祈念をお願いします」と述べており、守護としての自覚を示している。なお、「肥後守」としての発給文書は、現在のところ、玉名郡の清源《せいげん》寺《じ》に対して、「玉名郡のうち、代々寄進地のこと、実相院殿（菊池能運）御判の旨に任せて相違ありません」（清源寺文書）と述べた、永正四年二月十八日付けの安堵状が唯一確認されるのみである。

諸書によると、守護としての惟長は極めて凶暴で、菊池氏家臣団や後ろ盾となった大友氏からの人望を失い、孤立していったという。永正八年（一五一一）、危険を察知した惟長は矢部へ逃亡した。そして、弟惟豊から大宮司職を奪還し、惟豊を追放するという暴挙に出たのである。

もっとも、惟長が最初から惟豊との武力衝突を望んでいたのかはわからない。永正七年九月二十五日付けの氏名未詳手日記案（相二八七）には、「武経（惟長）、阿蘇（惟豊）へ和談のこと」とあり、みずからの置かれた状況を自覚した惟長が、大宮司復職に向けて惟豊と事前交渉をおこなっていたことがうかがえるからである。あくまで、惟長は政隆を倒すための名目人として利用されたにすぎない存在だったとすれば、多くの武士にとって、惟長の政治意欲はかえって迷惑な行動だった。阿蘇品氏は、みずからを担ぎ上げた武士たちの本心に気づけなかったことが、惟長の悲劇であったと述べている（阿蘇品一九八八）。ただ、惟長にも弟惟豊を平然と犠牲にする身勝手な一面があったことは事実であろう。

以上のことが事実ならば、惟長を利用した張本人は大友氏だったことになる。内心で肥後国守護職をねらう大友氏は、一族からすかさず跡目を送り込むことは反発を招くと考えたのだろう。そこで、惟長の叔母と大友親治《ちかはる》が夫婦であること、その子義長と惟長が従兄弟であることを理由に、惟長を推薦したのである。

ところが、惟長の政治意欲は大友氏の想像を越えるものだった。惟長が追放されたことで、弟惟豊との間に激しい争いが生まれ、阿蘇氏はふたたび一族対立の道を歩むことになったのである。

惟長・惟豊兄弟の相克――永正八年の阿蘇家大乱

『新撰事蹟通考』所引の史書のなかには、大友義長が矢部を攻撃して惟豊を敗走させ、さらに宮地へ赴いて社殿を焼き払い、神官・衆徒・行者たちを追放したと記しているものがある（阿蘇古老日記・下田覚書など）。また、一説には、惟長は復位をねらって惟豊を攻めたものの、惟長の家臣団は惟豊に

鞍岡古賀に所在した阿蘇殿屋敷跡　宮崎県五ヶ瀬町
写真提供：五ヶ瀬町教育委員会

随ったため、返り討ちに遭い、薩摩に逃亡したとされる。永正十年（一五一三）、薩摩満家院《まんけいん》や伊集院《いじゅういん》の軍勢を率いて再度攻撃すると、今度は惟豊が日向鞍岡《くらおか》（宮崎県五ヶ瀬町）に遁走した。惟長は、息子の惟前を大宮司職に就任させ、みずからは萬休斎と称したという。

大友義長による攻撃については、永正八年（一五一一）六月三日付けの「大友義長条々書写」（大友文書）の第三条に、おおむね次のような記述がある。

阿蘇家のことについて、武経（惟長）が当家に対して謀叛を起こし、惟豊にはいろいろと手をうちましたが、味方になりませんでした。そこで、軍勢を宮地へ派遣しましたが、苦戦を強いられました。ところが、阿蘇惟貞が味方をしてくれましたので、田原山（俵山）を越えて、武経が籠もる木山・津守・御船の攻略に成功しました。それから、矢部を攻撃しましたところ、惟豊は菅山から降参してきました。そこに、老体の母がやってきて、あれこれと取りなすので、書状を送って惟豊とは鉾を収めることにしました。

ここで登場する老体の母とは、大友親治の妻で、惟長・惟豊兄弟の叔母にあたる人物である。彼女の取りなしのおかげで、惟豊は窮地を救われたのであった。ところで、本史料には、阿蘇惟貞という謎の人物も登場する。当時の阿蘇一族が三勢力に分裂していたとも仮定できるが、惟貞の系譜を特定することはできない。あるいは、惟長の重臣に村山惟貞という人物がおり、彼が惟長に背いて阿蘇姓を僭称した可能性も考えられる。

前述した延徳三年（一四九〇）の銘文がある西野宮神社の梵鐘には、「この鐘、辛未の歳（永正八年）の戦いによって豊後州に持ち去られ、そこに十六年あった」との追銘がある。これは、永正八年の大友勢による攻撃が事実であったことを証明している。その後、この梵鐘は大永六年に阿蘇惟豊によって取り戻されている。

ふたたび大宮司家の分裂

薩摩勢の合力を得た惟長の攻撃によって、惟豊は日向鞍岡へ遁走したことは先述した。ここで注意したいのが、惟長の軍事力である。惟長の動きには、阿蘇氏家臣団のみならず、阿蘇社に関わる神官・供僧・衆徒らの動向が深く関わっている。彼らの支持なしに、惟長が惟豊を追放することはできなかったのである。この点を意識しながら、惟豊について述べていこう。

惟豊は、明応二年（一四九三）の生まれとされている。没年については、福王寺の位牌や過去帳に、永禄二年（一五五九）十一月七日に六十七歳で没したとある。彼が惟長の後継として大宮司になったのは、永正四年、わずか十五歳で元服からまもないときだった。その六年後には兄から追われる身となっているから、まさに波乱の十代だったといえよう。惟豊関係の文書は豊富に現存しているが、年次や宛先に偏りがあることは注意しておく必要がある。そのため、一面的な事実だけをみる恐れもあるが、可能な限り彼の足跡をたどってみよう。

大宮司としての初めての受給文書は、永正四年と推定される七月二十三日付けの足利義稙御内書で、忠節と戦功を促す内容である（阿三〇二）。翌年になると、大友氏やその重臣から、筑後国三池郡の神領や菊池政隆との戦闘に関する内容の文書を多く受け取っている。一方、発給文書の初見は、永正五年十月十七日付けの源三郎重続《しげつぐ》宛て加冠状である。このとき、惟豊は従四位だった（柚留木文書）。

惟長が大宮司復帰を願ったことで、にわかに惟豊の周辺も緊張状態におちいった。そのことは、永正九年から翌年にかけて、宛行状の発給が増加していることにも表れている。具体的には、室原《むろはら》越前守・矢津田《やつだ》左京亮への小国の所領安堵や感状（室原文書・矢津田文書）、祭主一族への八代郡小熊野・下矢部・甲佐といった国境や郡境に近接した所領の安堵や忠節への褒賞である。また、惟豊の重臣たちは、阿蘇山行者方への忠功を賞したり、近見《ちかみ》（熊本市南区）の所領を安堵したりと惟豊の意向を受けた働きをしている。こうした姿勢は、矢部の館を逐われて鞍岡へ避難しているときも変わらない。

惟豊が甲斐《かい》氏の援助を受けて反撃に出たのは、永正十三年のことである。この年の十二月、惟豊から権大宮司能憲への加冠状（写第十五）には、「阿蘇三社大宮司宇治惟豊」とみえ、年末には大宮司職に復帰した可能性がある。

矢部を逐われた惟長は、子の惟前《これさき》とともに相良氏を頼り、惟豊と対峙した。しかし、惟長は天文六年（一五三七）に死去し、その後は惟前が堅志田《かたしだ》城を拠点に惟豊と争った。惟前は天文五年十二月二十日、おそらくは多額の献上金と引き替えに、後奈良《ごなら》天皇から従五位下に叙せられた（写第三）。大宮司の呼称こそないが、前大宮司惟長の後継者として認知されていたのである。『新撰事蹟通考』所載の「歴名土代《りゃくみょうどだい》」には、天文八年二月に従四位下、同十年四月に従四位上に叙せられたとある。また、惟豊の娘と姻戚関係にあったことについても記している。

堅志田城跡　熊本県美里町

近年、発掘調査の進んだ堅志田城（勢田尾城とも）は、矢部から砥用・佐俣《さまた》を経て、小熊野や八代方面へと至る交通の要衝に位置した城郭である。益城郡全域の掌握を目指す惟豊にとって、この地域の掌握は難題だった。甥の惟前との対決は、一族内にとどまらず、相良氏や名和氏といった有力国人勢力との競合・対決を意味していた。加えて、守護大友氏一族、大友氏と対立する大内氏など、それぞれの思惑が交錯していたのである。

惟前は、惟長の死去から二年後の天文八年十二月二十七日、相良長唯《ながただ》へ二ヵ条の起請文を提出し（相三四二）、相良氏との連携の約諾と大友兄弟との和睦の破棄、隈荘城《くまのしょう》の防御について誓っている。一方、惟豊からすれば、惟前一族の勢力を削がないことには、依然として二人の大宮司が存在する状態は解消されず、切迫した課題だった。惟前もまた、残存文書の偏在はあるが、惟豊同様に安堵状や証状、名字状を多く発給している。

逃亡した惟前一家

あらためて、惟前が大永三年（一五二三）に堅志田城を拠点としてから、天文十二年（一五五二）の落城によって八代へ逃れるまでの動きを、『八代日記』から抽出してみよう。

天文二年（一五三三）
二月十三日　合縁について、惟前の使者西但馬がはじめてやってきた。
天文三年（一五三四）
五月十日　堅志田から竹崎将監がやってきた。
五月二十二日　竹崎将監がやってきた。
五月二十六日　堅志田から一太夫殿と西但馬が加判の書状を持ってやってきた。
六月十日　惟前が到着した。（中略）供は、村山三河守方・みつなか（光永）民部少輔方・西但馬方である。

十月三十日　堅志田から三太夫方・坂梨方・今村織部方が隈本へと退散した。
天文四年（一五三五）
六月二日　八代（相良）・堅志田（惟前）・宇土（名和）の三家の老者（重臣）が会談した。
天文五年（一五三六）
正月二十八日　堅志田から義宗と伊津野玄蕃允方が参上した。
天文九年（一五三七）
五月二十一日　鏡（八代市）の奥で長唯と惟前が会談した。
五月二十九日　堅志田から竹崎兵庫允方が到着した。
六月八日　堅志田から下田大蔵方、竹崎兵庫方が到着した
六月十日　堅志田から福満坊が到着した。
七月四日　氷河川上（氷川町）で長唯が惟前と会った。
天文十年（一五三八）
五月十日　小熊野小畠で長唯が惟前と会った。
天文十一年（一五三九）
三月二十五日　光勝寺が阿蘇に赴いた。
閏三月十五日　堅志田から西勘解由方が到着した。

天文十二年（一五四〇）
五月八日　　堅志田城が落城し、惟前は八代へ退却した。

以上のように、惟前の勢威が、相良氏との緊密な関係に支えられていたことがわかるだろう。詳述はしないが、とりわけ天文四年六月二日の惟前と相良・名和両氏重臣との会談は、天文八年に成立した「三氏（家）盟約」（相三三八・三四一・三四二）、すなわち同盟関係締結交渉のはじまりだった（松原二〇〇五）。しかも、惟前の家臣団には、西・竹崎・村山・光永・坂梨・下田・伊津野などの一族のほかに、一太夫や三太夫のような神官、今村織部や福満坊のような衆徒がいた。大宮司家の内紛が家臣団・神官・供僧グループの分裂を招いていたことは明らかである。惟忠時代に再編成されたはずの、大宮司を頂点とする権力体制は、このとき解体状態にあった。惟前の家臣団は脆弱で、三太夫・坂梨・今村織部のように、矢部に帰ることができず、隈本の勢力を頼んで逃亡する者もいた。

天文十年ごろから、惟豊方の「哀衆」（読みも実態も不明）を中心に、堅志田城への激しい攻撃が繰り返された。その結果、同十二年五月八日に堅志田城は落城した。翌日には隈荘城も落城し、惟前方に大打撃を与えたのである。

惟前とその家族は八代へ逃亡し、五月二十五日、惟前と惟氏は八代陣内で相良長唯と面会した。一方、その三ヶ月後には、堅志田を占拠した惟豊方より、「堺目和談」の使僧が相良家臣の織部佐方へ派遣されている。相良氏と惟豊の和平交渉は天文十四年以降、急速に進むことになるが、惟前らは依然として相良氏の庇護下にあり、緊張状態は続いていた。惟前は、天文十四年春に出家し、五月初めには葦北郡《あしきた》佐敷《さしき》（熊本県芦北町）に逗留している。同十八年には、八代郡種山《たねやま》（同八代市）から堅志田へ向かうとの噂が飛び交うなど、惟豊にとっては不穏な動きもみられた。しかも、同二十二年三月、相良氏の新当主晴広《はるひろ》は、水俣《みなまた》や津奈木《つなぎ》へ惟前・惟氏《これうじ》と同道し、翌年六月には惟前と農寺薬師《のうじやくし》へ参詣するなど、惟前と親しく接していたのである。晴広が八月に逝去すると、ついに惟豊と相良義陽の間で、本格的に和解が進むこととなった。

だが、惟前一家の逃避行は、阿蘇・相良・名和三氏の和平後もなお続く。永禄二年十一月に惟豊が死去するや、翌年三月に惟前父子とその孫、惟氏父子の五人は、ひそかに玉名郡の小代《しょうだい》（小代氏の支配する領地）に向けて海を渡ったという。その後、同年十月には小国への討ち入りに失敗し、小代へ退いたと『八代日記』にはある。

破格の昇進を遂げた惟豊

永正十四年（一五一七）、日向鞍岡から戻って大宮司に復位した惟豊がまずおこなったのは、このたびの合戦で忠節を尽くした家臣団への感状発給や恩賞宛行、そして体制の再建だった。室原・矢津田・北里・木山氏ら小国や益城の武士たちへの宛行状は現存するが、惟豊の後ろ盾となった甲斐氏への文書がみられない点については、残存史料の限界を感じざるをえない。

大永三年（一五二三）十一月から翌年にかけて、権大宮司（氏名不詳）に宛てた書状が四点ある（写第十五）。大永三年十一月二十一日付けの書状に、「近年、思わぬことで疎遠になりました。やむをえないことです」とあることから、惟豊と権大宮司の間で何かしらの行き違いがあったことがうかがえる。翌年正月十三日、惟豊は「本職などのこと、変更は決してありません」との書状を送り、十月十八日の書状では、「社職安堵のことについて異論はありません（中略）南郡の退治に向かいますので、（中略）戦いが終わったら必ず処置しますので、その間堪忍ください。ますます忠節を尽くしてください」と述べ、所領問題について早急に解決する約束をしている。

惟豊の事績で最大の出来事は、天文十三年九月十六日、後奈良天皇の勅使《ちょくし》烏丸《からすま》光康《みつやす》（日野中納言）を迎えて従三位に昇進し、同十八年には従二位と破格の待遇を与えられたことである。この「成功《じょうごう》」の経緯について、簡単にふれておこう。

勅使下向に向けた準備は、天文十三年三月にはじまった。同月二日付けの阿蘇氏家臣連署状写（写第十五）では、権大宮司・四太夫・十祝らに対し、このたび勅使が下向するので、所々の段銭を段別十五文で徴収すること、普段は賦課が免除される神講免田《しんこうめんでん》からも徴収すること、奉行衆をすぐに派遣するので油断なく準備するようにとのことが、西惟充《にしこれみつ》・村山惟民《これたみ》・甲斐親成・仁田水《にたみず》惟久《これひさ》ら重臣たちの連名で念押しされている。はたして、半年後の九月十六日、後奈良天皇の綸旨と口宣がもたらされた（阿三一〇・三一一）。綸旨の文言は次の通りである。

上階《じょうかい》のことについて、天燐《てんりん》がありました。禁中《きんちゅう》（御所）の修理について、とくに忠節を励まれたならば、重ねて恩賞がおこなわれるとの綸命《りんめい》（天皇のことば）です。

一方、口宣には次のように記されている。

天文十三年九月十六日　宣旨　正四位下宇治惟豊朝臣を従三位に叙します。

九月二十三日付けの伝奏広橋兼秀《でんそうひろはしかねひで》の綸旨副状は、勅使烏丸光康の下向を伝えている（阿三―一三）。同日付けの烏丸光康宛て後奈良天皇女房奉書《にょうぼうほうしょ》では、御所の大破修理料を惟豊が負担するので、使者として下向し、「心経」を阿蘇社に納めるよう命じている（阿三―一二）。阿蘇家書札案写によれば、光康は九月二十三日に矢部荘へ到着したとあるが（写第三十六）、翌年五月二十八日付けの成満院・万福院・一山衆徒中宛て惟豊書状（西五）では、十月に到着したとある。同書状のなかで、「勅筆の「心経」一巻の社納が遅れていましたが、吉日なので進納します。宝物として大事に扱ってください。詳細は使者の福王寺が伝えます」と述べている。この「心経」は、後奈良天皇宸筆《しんぴつ》紺紙《こんし》金泥《こんでい》般若心《はんにゃしん》経《ぎょう》と呼ばれ、阿蘇上宮から引き継がれて、現在は西巌殿寺に所蔵されている（国指定重要文化財）。

天文13年9月16日後奈良天皇口宣案
阿蘇文書　熊本大学附属図書館蔵

なお、天文十三年十一月十三日、防長守護の大内義隆《よしたか》から、「日野中納言家（烏丸光康）が勅使として下向されたのは、名誉の極みです」という添状が惟豊のもとに届いており（阿三一四）、大内氏の積極的な斡旋があったと思われる。義隆は武家伝奏広橋兼秀の娘を側室にしており、朝廷との強いパイプを持っていた。

十二月十八日、惟豊は広橋兼秀に宛てて、勅使の下向と従三位への叙位を感謝し、忠節を約束する旨の請文を提出した（写第十二）。また、光康にも同日付けで、当春中に御所の修理などの忠節をおこなうことを約束し、その証として腋刀《わきがたな》（丸貫《まるぬき》）を進上する旨の請文を提出している（写第十二）。大内義隆には、勅使下向のお礼と、引き続き交流を願う書状を送っている（写第十二）。惟豊の従三位昇進は、こうした周到な準備もあって実現したのである。

ところが、惟豊はこのときすでに二位への上階を望んでいた。天文十八年六月二十三日付けの広橋兼秀宛て請文で、おおよそ次のように述べている（写第十二）。

> 天文十三年に勅使が下向されましたとき、上階のことを仰せになり、とりわけ二品（二位）などのことについて勅許があるだろうとのことでした。そこで、翌年にお祝いに参上すべきでしたが、「遠国」であることと「神領錯乱」のために延期になってしまいました。修理料の献上延引は私の本意ではありませんので、奏上のことをよろしくお願いいたします。

惟豊は、同内容の趣旨を光康らにも伝えている（写第十二）。そして、約束通り、銭一万疋（一〇〇〇貫文）を朝廷に上納したため、同年八月十四日、「宣旨　正三位宇治宿祢　宜しく従二位」に叙する後奈良天皇口宣がもたらされたのである（阿三一六）。

従二位は、右大臣や内大臣に相当する地位である。惟豊は、天文十四年に「従三位」に叙せられたが、ここでは「正三位」とある。この四年間の事情はよくわからないが、従三位から正三位へと上階していたのである。惟豊は、福王寺を使者として都へ派遣したと思われ、叙位に尽力してくれた光康に、礼金として一〇〇〇疋（一〇〇貫文）を贈った。光康は、勅許が下されて自分の面目が立ったことや、女房奉書・口宣などのお礼を急いでするようにと返事をしている（阿三一八）。

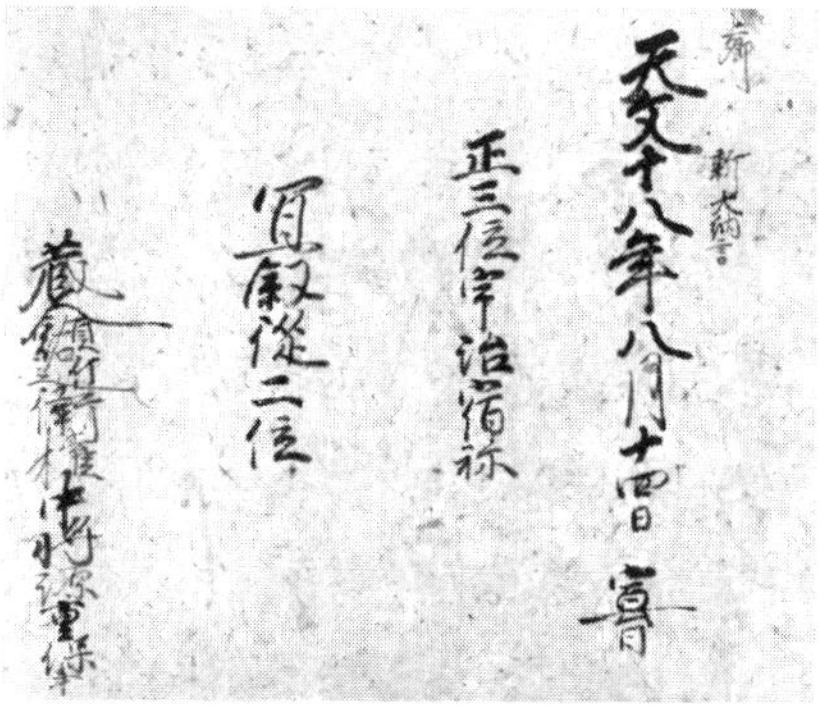

天文18年8月14日後奈良天皇口宣案
阿蘇文書　熊本大学附属図書館蔵

次に、先の請文で、惟豊が修理料納入の遅延理由の一つとしてあげた、「神領錯乱」の実情について論及しておきたい。「神領錯乱」とは、すなわち阿蘇領支配の混乱や困難さを意味した。もちろん、遅延の口実とも考えられるが、現実にはいくつかの要因があったようである。

天文十三年（一五四四）から同十八年にかけて、阿蘇氏や阿蘇領を取り巻く政治状況は不安定であった。とくに、当時、相良氏に庇護されていた惟前の動向には、細心の注意が向けられ

浜の館跡から出土した華南三彩鳥型水注　熊本県蔵

たのである。『八代日記』によれば、同十四年四月から五月にかけて、惟豊の使者として田代安世入道が宇土・八代・佐敷へ派遣されている。佐敷には惟前が逗留しており、牽制する意味もあったのだろう。

納入が遅れたもう一つの理由は、阿蘇品氏が指摘するように、経済的な負担の重さである（阿蘇品一九九九）。筆者も同様に考えている。とくに、天文十三年の勅使接待にともなう段銭の徴収、翌十四年十月の阿蘇社対面所の造営、翌十五年四月二日におこなわれた下野狩（『八代』）など、連年の行事や造営は領民に過重な負担を強いていた。また、発掘された「浜の館」からは豪華な品が出土しており、大宮司の生活の派手さもみてとれる。軍事費用と合わせてもかなりの出費であり、大宮司といえども、領民への過重賦課は配慮しなければならなかったのだろう。

参考までに、天文十九年五月に相良晴広が官位を贈られた際の礼物の請取状を紹介しよう（広橋家雑掌速水有益請取状。相四四〇）。このときは、禁裏へのお礼三〇〇〇疋・太刀一腰・馬料一〇〇〇疋をはじめとして、右兵衛佐《うひょうえのすけ》・職事《しきじ》・申次《もうしつぎ》伝奏・宮内大輔《くないたいふ》・位記《いき》・大内記《だいないき》・大外記《だいげき》・外記への太刀や馬料など、総計九十一貫文を納めている。惟豊が朝廷に上納した額は銭一万疋（一〇〇〇〇貫文）で、

岩尾城跡（左）と通潤橋（右）　岩尾城は浜の館の詰めの城であった　熊本県山都町

叙位に尽力してくれた烏丸光康には一〇〇〇疋（一〇〇貫文）を礼金として差し出している。相良晴広の場合よりも、さらに多額の礼金を要求されたことがうかがえよう。

二階崩れの変の余波

ところが、惟豊の従二位を祝うムードは、すぐに下火となってしまった。年が明けた天文十九年（一五五〇）二月十日、阿蘇氏に重大な影響をもたらす事件が起きたからである。阿蘇惟乗の娘を母とし、天文十二年から豊後国と肥後国守護を兼任していた大友義鑑《よしあき》が、この日家臣に襲われ、その傷がもとで十三日に死去したのである（二階崩《にかいくず》れの変）。この事件には、大友氏の重臣入田《にゅうた》親誠《ちかざね》が深く関与しており、入田親子が阿蘇・矢部方面に逃げたことで、彼らの処遇が惟豊にとって大きな課題となった。さらに、この混乱に乗じて、義鑑の弟である菊池義武がふたたび海を渡って隈本へ入り、田嶋《たしま》氏や鹿子木《かのこぎ》氏の援助を受けて活動を開始した。そして、惟前の動きも怪しさを増し、彼らの阿蘇領への侵攻も大きな問題となった。

義鑑の跡を継いだ嫡男義鎮《よししげ》（のちの宗麟《そうりん》）は、三月八日に北里兼義《かねよし》へ送った書状のなかで、矢部の年行事から書状が届き、惟豊は当方に対して深重であること、入田親子が南郷に侵入したことを伝えている（北里文書）。そして、三月二十三日付けの相良氏宛て書状（相四二九）には、入田親子の誅伐について、惟豊と交渉していることなどが書かれている。

そもそも、入田親誠はなぜ阿蘇への逃亡を図ったのか。『歴代鎮西志』は、「婦父大宮司阿蘇惟豊を頼みて」と婚姻関係があったように記すが、詳しいことはわからない。『八代日記』によれば、親誠は四月四日に矢部で成敗されたとあるので、惟豊の指示で処罰されたと考えられる。

三月十四日に隈本城へ入った菊池義武は、四月七日付けの相良氏宛て書状のなかで、義鎮に忠誠の意思を示したが、義鎮による筑後や肥後での「義絶《ぎぜつ》」の廻文《かいぶん》をみて、「対決止むなし」を決意したとして、遠回しに援助を懇請している（相四三二）。一方、惟前の動きにも注目が集まった。これより先の三月十日、農寺が矢部に赴いて、惟前の進退や海東郷・小熊野郷のことについて話し合った。同月二十三日には、阿蘇から村山・甲斐の両名、八代から相良織部佐以下三名が豊田宮山（宇城市豊野町）に参会し、話し合いの場を設けている。

義武の討伐について、相良氏のもとには、五月十三日に大友氏老中連署状、同じく十六日には真光《しんこう》寺寿元《じじゅげん》を使僧として義鎮書状が届けられた（相四三七・四三八）。ここには、惟豊は義鎮の指示通りに準備し、名和行興《ゆきおき》も異論はないと書かれている。

閏五月十五日および十九日付けの菊池義武書状は（相四四一・四四二）、「阿蘇五ヶ所」の軍勢が攻撃してきたので、撃退して健軍に追い込んで村に放火したこと、また、十九日には津守・木山で合戦をして一〇四人を討ち捕らえたこと、さらに、隈荘口でも甲斐一族十一名を討ったことが述べられている。義武は、名和氏と相良氏に個別に起請文を提出し、義武・名和・相良三者での同盟関係を締結して義鎮に対抗しようと画策したようだが、相良晴広の同意を得ることができず、天文二十三年十一月に豊後国木原で自害した。

一方、惟豊は満福院俊海法印《しゅんかいほういん》に対し、永正十年・天文九年以来の忠節の褒賞として、小野・守山を新寄進として宛行った（西二二九）。また、満願寺密教坊《みっきょうぼう》には、去年以来の忠節の褒賞として、豊田のうち古閑村七反余り、守山のうち摂取寺《せっしゅじ》三町を宛行っている（満四）。小野・守山・豊田の地は、もとは阿蘇領だが、相良領との境目の前線地帯であり、所領宛行を通して惟豊の威厳が及んでいることを主張しているといえよう。

惟豊は、動乱の激しい時期に大宮司に就任し、政治的混乱に翻弄されて、しばしば困難に直面した。この厳しい状況は、彼が没するまで変わることはなかったのである。

第三章　中世大宮司制の終焉

実質最後の大宮司となった惟将

永禄二年（一五五九）、戦国期の阿蘇氏を代表する惟豊が没した。墓所とされている場所は、現在、岩尾《いわお》城と五老ヶ滝《ごろうがたき》川を眺望できる高台にある。本来はもっと高所にあったが、豪雨で崩れ落ちたという。岩尾城、そして浜の館を見守るように葬られたようだ。

跡を継いだのは、嫡男惟将である。惟将は、天正十一年（一五八三）十一月に没するまでの間、約四半世紀にわたり大宮司の地位にあった。実質的に、中世阿蘇氏最後の大宮司といっても過言ではない。だが、その在任期間からすると、関係文書が少ないため、独自の動きがわからない時期もある。ちなみに、初見文書は永禄三年十二月付けの（佐渡《さわたり》）又四郎重詮への名字書出である（柚留木文書）。

惟将が大宮司に就任すると、すぐさまいくつかの苦難が襲いかかってきた。一つは、惟前・惟氏および阿蘇氏家臣団の動向、もう一つは、相良氏らとの関係悪化、そして、九州諸大名の動向、とくに島津氏の肥後侵攻に頭を悩ませることになったのである。

永禄三年三月、前述したように、惟前父子とその孫、惟氏父子の五人は、ひそかに玉名の国人小代氏を頼って落ちのびた。半年後の十月、小国から討ち入ろうとしたが失敗し、ふたたび小代氏のもとへ戻っている。

このときおこなわれた中原口《なかばる》（南小国町）合戦での活躍を賞する、十月十一日付けの小国満願寺および戦死した西坊職の北掃部頭《かもんのかみ》子息に宛てた阿蘇氏家臣連署証文が残っている（満九）。この連署証文に署判している仁田水惟久・佐渡重幸《しげゆき》・村山惟民・西惟玄《これはる》・小《こ》陣《じん》惟富《これとみ》・西惟栄《これひで》・甲斐親直《ちかなお》の七名が、当時の惟将を支えた重臣たちだった。仁田水・村山・西・小陣らは古くからの重臣だが、佐渡・甲斐両氏の重用は惟豊時代からであり、いわゆる戦国期に入ってからの阿蘇氏や家臣たちの動きを反映している。とくに親直は、七名の末尾に署判を加えているので、かれが家臣団内での地位を直截的に示している。

阿蘇惟豊の墓所　熊本県山都町

翌永禄四年四月十七日、下野狩の神事が実施された。馬揃いは七十騎で、惟前は二〇〇人の供を従えていたという（『八代』）。しかし、その翌年の正月早々、詳細は不明だが、矢部で田代一族が成敗される騒動が起きている（同前）。大宮司の統率力が一応機能していたものの、必ずしも盤石ではなかったことがうかがえよう。

以後、数年の間、惟将自身の動向ははっきりしない。一方で、阿蘇氏の家宰的な地位についた御船城主甲斐宗運《そううん》（親直）や、惟前らの動向が目立ってくる。肥後国の中央部と南部を結び、西方の宇土半島から有明海《ありあけかい》にかけて平野部や山間部の入り口に位置する交通の要衝地域（御船・隈庄・堅志田・宇土など）では、小競り合いが生じていた。例えば、永禄八年三月十二日には、寃より甲斐織部佐が守る隈庄城を攻め、阿蘇村山方・佐渡方・砥用方の八人が討ち死にしている（『八代』）。惟前は、同九年八月十三日、阿蘇山成満院に対し、もとは「阿蘇の霊宝」である釈迦如来の歯牙《しが》や舎利《しゃり》五十粒などを寄進する旨を伝えている（西四〇四）。このなかで、詳しくは甲斐宗運が伝達するとあることから、両者の間に比較的緊密な接触があったことがうかがえる。

そうしたなか、豊後大友氏・肥前龍造寺《りゅうぞうじ》氏・薩摩島津氏ら有力大名たちの勢威は日に日に増していき、阿蘇氏をはじめ肥後国内に割拠する国人たちは、去就を明らかにすることが迫られる事態となっていった。天正三年（一五七五）三月以降の一連の史料によれば、惟将は大友宗麟と「重縁」関係にあったことがわかる（写第三十六）。ところが、宗麟は天正六年の日向国高城《たかじょう》・耳川《みみかわ》合戦（宮崎県児湯郡木城町）で島津氏に大敗し、急速に勢力を失っていった。以後、肥後国は、北から龍造寺氏、南から島津氏の攻撃を受けることになる。惟将は島津氏の動きに敏感に対応した。なお、島津氏の肥後侵攻の経緯などについては、新名一仁氏の近著（新名二〇一七）に詳しい。

島津氏の本格的な肥後侵攻は、天正七年五月、国境相良領葦北郡への攻撃にはじまった。同九年二月、水俣城を攻めるも犬童頼安《いんどうよりやす》に撃退され、一度は引き上げている。直後の三月十七日、甲斐宗運一族六名と隈本の城親賢《ちかかた》は、龍造寺隆信《たかのぶ》らに忠誠を誓う起請文を提出した。同じく、六月には赤星統家と天草の志岐鎮経《しきしげつね》が、九月八日には相良義陽《よしひ》が相次いで起請文を提出している（すべて龍造寺文書）。八月にはふたたび島津勢の水俣城攻撃が開始されており、同月二十八日、惟将は義陽に宛てて「入魂《じっこん》」と「水俣での油断なきこと」を伝えている（相六一三）。

九月、島津氏の大軍を前に相良義陽は降伏した。義陽は、所領の割譲や誓詞などとあわせて嫡男を人質として差し出し、忠義を誓った。島津氏は義陽の忠誠を試すべく、十二月に尖兵として阿蘇領への攻撃を命じた。しかし、義陽は響《ひびき》ヵ原《がはら》（宇城市豊野町）で甲斐氏の急襲に遭い、あえなく戦死してしまった。先の起請文から判断すると、甲斐氏と相良氏の交戦は、龍造寺・島津両氏の代理戦争だったといえよう。

ちなみに、前年の天正八年十月には、島津氏の隈本在番衆に命じられた城氏や名和氏が宇土郡矢崎城（現・宇城市三角町郡浦）を攻撃し、惟将配下の中村惟冬《なかむらこれふゆ》が戦死している。

天正十年（一五八二）十一月半ばになると、島津氏の圧力はますます強くなり、惟将の召喚が論議されるようになった。直後の十一月二十二日、甲斐宗運が網田《おうだ》・郡浦・海東・小川などの神領返還を条件に、和平を要請している。これに島津氏は立腹し、条件の撤回はもちろんのこと、人質の提出、あるいは五日以内の隈部氏攻撃を求めたのである。ともに宗運は拒んだが、結果的には人質を出したようである。その後も阿蘇氏の扱いが島津氏内で話題になるなかで越年した。

天正十一年七月三日に、惟将は阿蘇山新楽坊豪海《ごうかい》法印を使者として、島津義久《よしひさ》・同忠平《ただひら》（義弘《よしひろ》）・同家久《いえひさ》・同義虎《よしとら》（義久の娘婿）に書状を遣わした。太刀・織物を進呈し、境目の様相については、甲斐民部入道から話をするとある。このとき、老中の伊集院忠棟《ただむね》・一老の本田《ほんだ》親貞《ちかさだ》・肥後方分の町田《まちだ》久《ひさ》倍《ます》・中次の鎌田《かまた》政景《まさかげ》らにも同様のことを伝えている（写第三十二）。これを受け、島津氏および家臣からそれぞれ返状がもたらされた。九月五日付けの伊集院忠棟の返状によれば、甲斐宗運の懇望により、和平が成立したとある（写第三十六）。

だが、依然として状況は厳しく、とりわけ宗運の態度には誠意がないと島津氏からは判断されたようだ。隈本の城氏は宗運と断絶し、有力国人合志《こうし》氏も阿蘇家との断絶を表明した。そして、ついに十月一日には、島津氏も阿蘇家との「手切れ」（交渉不成立。ただちに敵対行動に出る）を言い出したのである。ただ、阿蘇領に本格的に踏み込むことについては、「神敵」となるのではという躊躇が少なからずあったようだ（『上井』）。これまで島津氏が攻めた相手は国人たちだった。薩摩・大隅・日向の三国以外で、阿蘇社のように、国内の人々の尊崇を集める一宮の領内へ、本格的な軍事行動を取るのははじめてのことだったろう。侵略行為のレッテルを貼られる恐れから、決断には慎重にならざるをえなかった。ただ、甲斐氏の動きをみすごすことはできず、弓箭（戦争）のほかに手段は考えられないという選択であった。

十月五日、籤引きによって堅志田攻撃が決定された。翌日には攻撃隊が出発して、堅志田の町や村を破壊している。ところが、義久の意向で十七日に薩摩の郡山寺にてふたたび神慮を占ったところ、しばらく検討を要する意味の白鬮《くじ》が出たので、堅固な堅志田城を攻略すべく、近くに付城の花山城を築くことになった。十一月一日、花山城はほぼ完成する。これがのちに、相手にあえて攻めさせて逆に攻略するという島津氏の戦法に役立ったという（新名二〇一七）。

たび重なる不幸

明くる十一月二日、阿蘇氏に突如不幸が訪れた。惟将の死である。惟将には子息がおらず、弟惟種が養嗣子となり跡を継いだ。天正十二年（一五八四）前半は、島津氏の攻撃がしばらく小康状態にあったことは不幸中の幸いだった。島津氏は、肥前龍造寺氏との対決が緊迫しており、この年三月二十四日、島津・有馬両氏の連合軍は、沖田畷《おきたなわて》（長崎県島原市）の戦いで、軍事的に優勢にあった龍造寺氏の当主隆信を戦死させている。

それから五ヶ月後、さらなる不幸が阿蘇氏を襲う。大宮司就任から一年にも満たない惟種が、八月十三日に急死したのである。『肥後国誌』は、享年二十四歳と記している。大友義統《よしむね》は、北里次郎左衛門尉へ宛てた感状のなかで、惟種の死去は「言語に絶する」と述べているが（北里文書）、まさに

阿蘇惟豊・惟将・惟種の位牌（右から）『阿蘇の文化遺産』（2006年）より転載　熊本県山都町・福王寺蔵

その通りで、二年連続の大宮司の逝去は決定的な打撃だった。現在、惟種は、その後のゆくすえを見守るかのように、浜の館近くの小高い丘に葬られている（山都町）。惟種の動向については、天正十二年二月二十日、花山城に向陣《むかいじん》（敵陣に対して構えた陣）を張るとの風説があったというのが、唯一、史料からわかることである（『上井』）。

惟種の跡を継いだのは、わずか三歳の長松丸《ちょうしょうまる》（のちの惟光《これみつ》）だった。十月十一日、長松丸は宥職坊《ゆうしょくぼう》を使者として、大友義統に宛てて、筑後での戦勝祝いとこれからの交誼を述べた書状を、家臣の副状（志賀親守《ちかもり》宛て）とともに遣わしている。副状に名を連ねた家臣は、柏惟具《かしわこれとも》・村山惟尚《これひさ》・西惟延《これのぶ》・仁田水惟栄の四名であった（写第二十六）。彼らは、いずれも「惟」の偏諱を受けている。一週間後の十月十八日、大友義統から長松丸と四名の重臣に宛てて、返書がもたらされた。当然のことながら、大宮司とは完全に名ばかりで、実際には重臣たちによって難局の舵取りがおこなわれた。彼らの多くは、各人が城館を持つような譜代の家臣たちであったと思われる。

その一方で、島津氏によって、阿蘇郡境目の在地領主たちの切り崩しもおこなわれていた。天正十三年五月三日、長松丸改め惟光は、北里重義《しげよし》の忠節に対し、所領安堵の書状を送っている。これによると、「このたびの思いがけない戦いは、あなたの父忠義《ただよし》が阿蘇氏に背いたことで引き起こされたものだった」と述べている（北里文書）。忠義は、町田久倍の誘いを受け、薩摩方に味方したのである。阿蘇の在地領主たちには、生きのびるための手段を選ぶ余裕はなかった。

阿蘇惟種の墓所（おたっちょさん）　熊本県山都町

こうした状況のなかで、七月三日、阿蘇氏の有力家臣で御船城主を務めていた甲斐宗運が死去した。惟将・惟種・宗運の相次ぐ他界は、ゆくすえの不安を決定的にした。

惟光は大友義統と結び、島津氏に対抗した。八月十日から、島津氏が堅志田攻撃のために築いた花山城を攻め、十二日に陥落させている。いずれも直臣たちの判断だったが、島津氏にとっては予想していたことであり、ここに阿蘇領侵攻の口実を得たのであった。

八月末から島津氏の攻撃は激しさを増し、閏八月になると甲佐城・堅志田城・御船城が攻略され、さらに、木山・津守の両城も陥落した。閏八月十九日、惟光はついに降参を表明し、八代荘厳寺《しょうごんじ》の僧が島津氏の使者として派遣された。阿蘇氏にとって、「降参」ははじめてのことで、未曽有の屈辱だった。在地領主たちと同様、生き残るため、背に腹はかえられなかったのである。同月二十七日、阿蘇氏は五人の人質を提出している（『上井』）。

九月に入ると、かつて甲斐宗運に仕えていた日向出身の家臣たちが処刑された。同月四日、村山美濃守を使者として、惟光の書状が島津氏に届けられたが、「不備」があったために受け取りを拒否され、八日にあらためて村山丹後守を派遣し、書状を進上している（『上井』）。おそらく、臣下の礼を求められたのだろう。甲斐親英《ちかひで》が誓詞《せいし》を提出し、阿蘇山衆徒が祈祷巻数《かんじゅ》を島津氏に届けるなど、生きのびる手だてをいろいろと講じていたのである。

ただ、その一方で、大友義統が豊後国境の小国周辺に軍勢を派遣すると、これに応じて高森惟直《たかもりこれなお》が豊後へ出奔し、稲富・仁田水・村山氏の一部が同調するなど、阿蘇氏と島津氏の関係は依然として不安定であった。上井覚兼《うわいかくけん》は、肥後国がいまだ治まっていないことを再三、日記に書き記している（『上井』）。龍造寺氏の没落後、肥後の国人たちの多くは島津氏に服従したが、大友氏との対立は継続しており、阿蘇氏やその家臣たちの動向は懐疑的にみられていたのである。

前述したように、この後惟光・惟善らの矢部・砥用境の目丸山中への逃避行、浜の館の終焉へと至る。この時、重要文書を男成社へ隠したこと、最重要文書は坂梨氏が背負い目丸へ持参したこと、宝物は浜の館の穴蔵に隠し置いたとされる。だが、これを記した同時代史料は現存しない。すべてはおよそ百年後の渡辺玄察《わたなべげんさつ》『拾集昔語《しゅうしゅうせきご》』（元禄五年）の伝承記事に基づく。玄察は、益城郡早河《そうがわ》（甲佐町早川）の社家で、祖父は早川城主であった。疑義はあるが、すべてが玄察の創作というわけではないだろう。

豊臣政権に抹殺された惟光

惟将・惟種・惟光へと大宮司職が継承されたころ、畿内では、天正十年（一五八二）六月の本能寺の変以降、ポスト織田信長《おだのぶなが》をめぐって激しい争いが続いていた。天正十二年四月の小牧《こまき》・長久手《ながくて》の戦いで、羽柴秀吉《はしばひでよし》が徳川家康《とくがわいえやす》と和睦して政治的主導権を握ると、七月に関白《かんぱく》に任じられ、九月には「豊《とよ》臣《とみ》」の姓を許された。十月二日、関白就任により全国の支配権を天皇から委任されたとして、秀吉はみずからを公儀と位置づけて、九州での停戦を島津義久・大友義統に命じた。この停戦命令が、近年、その有無をめぐって論争のある惣無事令《そうぶじれい》（豊臣平和令）である。続いて、九州の国分け案を提示したが、島津氏はこれに応じなかった。そこで、天正十四年三月一日、秀吉は島津義久らを制圧するため大坂を発ち、同月二十八日に九州入りする。五月八日、島津氏はあえなく降伏し、相良氏が治める球磨郡を除いて、肥後国は佐々成政《さっさなりまさ》が国主となった。

一方、島津氏の傘下に入っていた惟光は、目丸山中に逃避していた。天正十五年九月十八日付けの森《もり》（毛利）吉成《よしなり》・黒田孝高《くろだよしたか》宛て豊臣秀吉朱印状《しゅいんじょう》写（黒田文書）では、肥後国で朱印状をもらった国人を列挙しているが、その最後に「阿蘇宮神主」とある。これは惟光をさすと思われるが、朱印状の内容はどのようなものであったのだろうか。

これについては、吉村豊雄氏が、『阿蘇家伝』所載の天正十五年六月二十五日付けの秀吉朱印状を手がかりに詳しく論及している（吉村二〇〇一）。「阿蘇宮神主」に宛てた朱印状の内容は、矢部郡のうち三〇〇町を寄進するので、阿蘇社へ納めるようにというものであった。この朱印状は写も現存しないが、渡辺玄察は、天和元年（一六八一）に阿蘇家で本文書をみたと記している。また、近世の史書だが、『九州治乱記《きゅうしゅうちらんき》（北肥戦誌《ほくひせんし》）』（十八世紀成立）には、本領は四〇〇〇町だが、六歳の幼童なので召し上げられ、「肥後国矢部三百町」が阿蘇大宮司惟光に与えられたとある。知行地は十分の一以下に減らされてしまったものの、惟光の存立は約束されたのであった。

ほかの国人たちが六月二日付けで朱印状を与えられているのに対し、惟光への朱印状が二十五日付けなのはなぜだろうか。これについては、阿蘇氏の豊臣政権への対応が遅れたためではないかと考えられている。具体的には、人質の問題である。吉村氏は、服属の条件として、惟光・惟善《これよし》兄弟とその母親が隈本城に人質として入ることを政権側から求められた、もしくは、阿蘇氏が自発的に人質の提出を提案したのではないかと、推定している（吉村二〇〇一）。

もし、そうだとするならば、阿蘇社の人々は旧来の大宮司、すなわち中世的な大宮司の存在が、豊臣政権に抹殺されてもやむをえないと考えていたことになる。幼い惟光らは、直系の大宮司を輩出するために不可欠だったはずなのに、それを否定したのである。阿蘇大宮司家の存続よりも、阿蘇社と社家・供僧集団が生き残ることのほうが優先されたといえよう。

天正十五年七月、肥後国では佐々成政の検地への反発から、有名な国衆一揆が起こった。これを機に、国内の有力国人たちは厳しく淘汰されたのである。惟光にも、一揆へ加担した嫌疑がかけられた。それは、小早川秀秋《こばやかわひであき》に宛てた一連の豊臣秀吉直書によって知ることができる（小早川文書）。十二月二十七日付けの直書には、「阿蘇の神主は若輩のため、下々（家臣）たちが関与している疑いがあるので、糾明をして一揆の張本人を成敗するように」とある。

年が明けた正月五日、および十九日付けの直書でも、「阿蘇に一揆の張本人がいるので、糾明して成敗するよう命じており、また、大友義統《よしむね》の取りなしがあるのはもってのほかだ」と強い口調で述べている。森山恒雄氏が作成した「戦国期国衆分布図」によると、阿蘇氏からは大宮司を含めて、村山・高森・甲斐・辺春・北里・宮原・下城の諸氏が一揆に参加したと推定されている（『玉名市史』通史編、二〇〇五年）。秀吉としても、なんとかして惟光を一揆の張本人に仕立てて処罰したかったようだが、前述のように彼は隈本城にいたので、関与していないことは明白であり、さすがに断念したのである。

佐々成政が国衆一揆の責任を問われて処断されたのち、阿蘇郡は加藤清正《かとうきよまさ》の領地となり、「浜の館」があった矢部は小西行長《こにしゆきなが》の領地となった。岩尾城・愛藤寺《あいとうじ》城（矢部城とも。山都町）には大田市兵衛・結城弥平次《ゆうきやへいじ》がそれぞれ城代として派遣された。そして、惟光は清正に、惟善は行長にと、兄弟別々に預けられたのである。加藤と小西は秀吉子飼いの大名であり、肥後国は五畿内と同様の体制が敷かれた。やがて、二人は豊臣政権の「唐入り」＝朝鮮侵略の先鋒を担うことになる。

惟光らが依然として幽閉状態にあった天正十八年四月、薩摩で島津氏の庇護を受けていた阿蘇惟賢（惟前の子）は、宇治姓を名乗って惟光に対して起請文を提出した。そこでは、阿蘇本家に復帰してこれまでの罪を謝り、惟光に服従すること、阿蘇神領へ転居すること、惟光のために島津氏へ尽力することなどが誓われている。翌月二十日には、惟賢に随行していた竹崎長秀《ながひで》・同惟廉《これかど》・西惟貢・市下惟兵《これたか》の四名も、阿蘇氏の留守居役の立場にあったと思われる仁田水長門守に宛てて連署起請文を差し出し、惟賢の復帰が実現したら、惟光に忠節を誓い、世上の転変に関わらず主人と仰ぐことを述べている（以上・写第十四）。

このタイミングでの、惟賢帰順の意図はどこにあったのだろう。表向きは惟光に対する忠誠を誓っているが、宇治姓を使って阿蘇谷への転居を言い出していることからみても、惟光・惟善兄弟の跡目への野心がなかったとはいえないだろう。惟賢は阿蘇の神々を氏神とも言っている。しかし、ことは彼の思惑通りには運ばなかった。

文禄元年（一五九二）三月下旬、豊臣政権による朝鮮侵略がはじまり（文禄の役・壬辰倭乱《じんしんわらん》）、四月に小西行長らが釜山浦《プサンポ》を、五月には行長・加藤清正らが漢城を攻略した。そんななか、肥後では六月、薩摩の梅北国兼《うめきたくにかね》が葦北郡の佐敷城を占拠する事件が起きたのである（梅北の乱）。

しかも、こともあろうに八月十八日、惟光が乱に関わったという嫌疑を懸けられて自害させられてしまった。まったくの無実だったが、ここに宗教的権威を帯びた世俗権力である中世阿蘇大宮司の正統な血脈は、完全に滅ぶことになったのである。

菊池守護家の滅亡、九州有力大名の肥後国からの撤退、国衆一揆での有力国人の衰退と、旧来の勢力がいなくなるなか、唯一残っていた中世的シンボルである阿蘇大宮司の存在は大きかった。阿蘇から益城郡域を経て宇土半島へと帯状に延びる阿蘇社のネットワークは肥後国を分断し、託麻・八代両郡へも影響力を有していた。阿蘇社を統括する大宮司は、「大明神の御名代《ごみょうだい》にて御座《おわ》すなり」と人々から意識されており（永青文庫所蔵「下野狩旧記抜書」）、豊臣政権はどんな手段を使ってでも、これを除きたかったのである。人質として阿蘇社や家臣団から引き離されていた大宮司惟光には、もはや弁明の余地も抵抗の手段も残されていなかった。

阿蘇大宮司の統治を可能にしたシステム

以上、十二世紀から十六世紀にかけて、歴代の大宮司家を中心に、阿蘇社やこれに関わる人々の動きをみてきた。武士団の棟梁としての側面はやや押さえ気味に叙述したので、武士団としての構造、家臣団の具体的様相や秩序・序列などの追究はこれからである。また、中世に限らず近現代にいたるまで、阿蘇の歴史的空間がどのように開発・利用され、生業が営まれてきたのか、阿蘇社領のなかで働き暮らす人々にとって、阿蘇社や阿蘇氏はどのような存在だったのかを問いながらの研究も重要だ。冒頭で述べた阿蘇社と大宮司拠点の隔たりは、阿蘇氏勢力の拡大過程の現れだったが、同時に、大宮司と阿蘇社神事・祭礼との関係はますます希薄化した。それでも大宮司が最高権力者としてあり続けることができ、その統治を可能にするシステムは、どのようにして成り立ち機能していたのか、本書を閉じるにあたって、この問題に一言ふれないわけにはいかないだろう。

本文で述べたように、十五世紀にはいり、とりわけ惟郷時代から、大宮司家は矢部にあっても、室町幕府との関係などを背景に、阿蘇社下宮や上宮への規制を徐々に強め、祭礼や神事との隔絶を埋めていった。強力な領主権と祭祀権を具有する大宮司の「再生」という課題の到達点の現れが、大宮司家の統一や惟忠の御田祭への参会であり、下野狩の動員体制はこの完成形態のひとつと捉えてよいのではないだろうか。翻って考えてみると、そもそも南郷谷への大宮司家および居館の移転が、祭礼との距離をおくことになった大きな契機である。その時期は、十二世紀後半であろうと推定されている。十一世紀後半から十二世紀前半にかけて、阿蘇十二神の成立、郡名の王家領阿蘇荘の形成、そして大宮司職はほぼ同時期に進行したという。

保延三年（一一三七）の阿蘇大宮司惟宣解（阿一二）での年貢結解が示すように、惟宣は大宮司であり、阿蘇荘の荘官的な地位にあった。それなのに十二世紀後半に、大宮司は南郷谷へと移住せねばならなかった、その根本的な理由は何だったのだろうか。南郷谷の開発や阿蘇社の経済的な自立が大きな理

表14　近代における阿蘇氏・菊池氏への贈位（『贈位諸賢伝』1944改訂）

	年	氏名	贈位	備考	氏名	贈位	備考
1	1883（明治16）				菊池武時	従三位	筑紫の合戦戦死
2	1892（明治35）				菊池武時	従一位	筑紫の合戦戦死
3	1892（明治35）				菊池武重	従三位	武時の子息、箱根竹下の戦など
4	1892（明治35）				菊池武光	従三位	征西府重鎮
5	1911（明治44）	阿蘇惟直	正四位	惟時の子・多々良浜戦	菊池武政	従三位	武光の子息、征西府
6	1911（明治44）	阿蘇惟澄	正四位	惟時娘婿・南朝大宮司	菊池武朝	従三位	武政の子息、征西府
7	1913（大正4）	阿蘇惟武	従三位	惟澄の子・南朝大宮司	菊池武敏	従三位	武時の子息、多々良浜の戦など
8	1913（大正4）	阿蘇惟成	従四位	惟時の子・多々良浜戦	菊池武房	従三位	モンゴール合戦
9	1924（大正13）				菊池覚勝	正三位	武時の弟
10					菊池武吉	従三位	湊川の合戦戦死
11					菊池武澄	従三位	武時の子息
12	1928（昭和3）				菊池武安	従三位	武澄の孫

由としてあげられているが、それは必ずしも大宮司が拠点を移動させねばならない絶対的な理由ではない。

おそらくは、阿蘇社の最高権力者としての地位を約諾されつつも、十二世紀後半の大宮司家に移転を迫る政治社会的な背景（保元《ほうげん》・平治《へいじ》の乱や後白河《ごしらかわ》院政、平氏政権の九州支配）を考察する必要があろう。「大明神の御名代」である大宮司と、阿蘇社および祭礼とを乖離させた要因も、改めて問うことになるだろう。北条氏の阿蘇社・阿蘇領への進出は、こうした大宮司のありように拍車をかけたことも間違いない。確たる回答をこの場で提示できないのはきわめて忸怩たるものがあるが、引き続き考えていきたい。

近代国家における阿蘇氏と菊池氏

最後に、阿蘇氏が近代国家からはどのようにみられていたのかについて述べておきたい。肥後国中心部における中世の二大勢力は、本書でも取りあげたように、阿蘇氏と菊池氏である。阿蘇氏は豊臣政権によって一度滅ぼされたが、慶長六年（一六〇一）に神職として復活した。これに対し、菊池氏の惣領家は滅亡後、近代国家のもとで甦った。菊池氏の復活を大きく助けたのは、大日本帝国による贈位である（関一九九四・亀田二〇一四）。ここで、阿蘇・菊池両氏への贈位の様子を示してみよう（表14）。

この表から、両氏の扱いの差は一目瞭然である。明治四十四年（一九一一）の南北朝正閏《せいじゅん》論争（南朝と北朝のいずれが正統かとする議論）をきっかけに、阿蘇氏の南朝協力者への贈位がおこなわれたのに対して、菊池氏はそれ以前からおこなわれている。対象時期も、モンゴル襲来から十四世紀内乱にかけての「功績」に及び、武時の従一位を筆頭に、全員が「忠臣」として従三位を贈られている。幕末には、阿蘇氏のなかにも国学に熱心な神主はいたものの、あまり評価はされていない。近代国家では、阿蘇氏は目立たぬ存在とみなされていなかったようである。

あとがき

戎光祥出版株式会社編集長の丸山裕之さんにお会いしたのは、二〇一六年九月下旬のことである。熊本中世史研究会のよびかけで初めて開いた「四州」中世史研究会での席上（鹿児島市・黎明館）であった。それからまもなく、丸山さんから本書執筆の依頼があった。タイトルをみて、執筆者として適任なのか逡巡したすえお受けした。

準備にとりかかったのは、二〇一七年一月からである。これまでの多岐にわたる重厚な研究に圧倒された。何を核にすえて執筆するか考えていくなかで、阿蘇品保夫氏や飯沼賢司氏が強調された、大宮司阿蘇氏は中世阿蘇社の祭祀にほとんど関与しないのに最高権力者でありうることへの不可思議さの要因を追究することとした。そのために、不十分ながら大宮司の足跡を史料に即してトレースすることを目標にした。掲げた疑問に確たる結論を述べることはできなかったが、大宮司と祭祀の乖離の契機になる時期が見いだせた。それは、惟宣と惟泰の間の大宮司で、一次史料の欠如で実在さえ確認できず、しかも通字の異なる「資永」の時に大きな出来事があったと推測されることである。いましばらくは史料の読み直しを重ね、探求の旅を続けたい。

まがりなりにも一書にまとめることができたのは、長年ご指導をいただいている工藤敬一先生のお蔭である。猛暑のなか、草稿に目を通していただき懇切なるご助言を頂戴した。また、阿蘇品氏をはじめ多くのご教示を下さった佐藤征子・島津義昭・春田直紀の諸氏に深く感謝申し上げる。日頃の活動の場である熊本中世史研究会の方々、とりわけ青木勝士・稲葉継陽・大城美知信・小川弘和・吉良国光・高野茂・鶴嶋俊彦・三村講介・村上豊喜・山田貴司の諸氏には、折りにつけて励ましていただいた。阿蘇文書および相良文書講読会、各地の調査や探訪でいつもお世話になっている有木芳隆・石原浩・稲福達也・岩橋克能・大倉隆二・園田文彰・鳥津亮二・中西真美子・西澤等・古木勝行・溝下昌美の諸氏にも御礼を申し上げたい。そして、昨年三月に逝去されたが、私信などでいつもご指導ご鞭撻をいただいた川添昭二先生にあらためて感謝の意を表したいと思う。

熊本地震からやがてまる三年を迎える。相次ぐ自然災害・人災からの再生は容易ではないが、阿蘇地方や阿蘇神社をはじめ、全国の被災地が一日も早い安寧を得られることを切望している。最後になるが、的確なアドバイスをいただいた丸山さんをはじめとする編集部のみなさま、写真などでご高配くださった阿蘇神社の池浦秀隆さんならびに関係機関に感謝する次第である。

二〇一九年一月

柳田快明

【主要参考文献】

阿蘇惟之編『阿蘇神社』（学生社、二〇〇七年）
阿蘇品保夫「阿蘇大宮司権力の推移と知行制」（『史学研究』八七号、一九六三年）
阿蘇品保夫「中世阿蘇社領の豪族屋敷について」（『熊本史学』三二号、一九六七）
阿蘇品保夫「南北朝室町期における山野支配の展開」（『史学研究』一一三号、一九七一年）
阿蘇品保夫「阿蘇十二神の成立」（『日本歴史』四九三号、一九八九年）
阿蘇品保夫『菊池一族』（新人物往来社、一九九〇年）
阿蘇品保夫「阿蘇社と西巌殿寺」（熊本大学学生部編『阿蘇―自然と人の営み』、一九九四年）
阿蘇品保夫「守護菊池氏の没落と大友氏」（『新熊本市史』通史編第二巻中世、一九九八年）
阿蘇品保夫『阿蘇社と大宮司』（一の宮町、一九九九年）
阿蘇品保夫「阿蘇文書の伝来と構成」（熊本大学・熊本県立美術館『阿蘇の文化遺産』、二〇〇六年）
阿蘇品保夫「阿蘇下野狩と下野狩史料の形成」（工藤敬一編『中世熊本の地域権力と社会』高志書院、二〇一五年）
飯沼賢司編『阿蘇下野狩史料集』（思文閣出版、二〇一二年）
飯沼賢司「中世以前の阿蘇の祭祀構造をさぐる」（吉村豊雄・春田直紀編『阿蘇カルデラの地域社会と宗教』清文堂出版、二〇一三年）
伊東龍一「阿蘇神社社殿の建築と変遷」（前掲『阿蘇カルデラの地域社会と宗教』、二〇一三年）
稲葉継陽「室町・戦国・近世の阿蘇文書」（前掲『阿蘇の文化遺産』、二〇〇六年）
稲葉継陽「中世（戦国時代）の西原」（『西原村史』、二〇〇六年）

稲葉継陽「中世（戦国時代）の甲佐」（『新甲佐町史』、二〇一三年）
大山喬平「中世阿蘇の神々と村々」（『日本中世のムラと神々』岩波書店、二〇一二年）
小倉耕二「鎌倉幕府成立期における鎮西支配について―肥後国阿蘇社の場合」（『熊本史学』六四・六五号、一九八八年）
小倉耕二「鎌倉期　肥後国における北条氏の被官支配に関する一試論―北条氏被官宇治氏の歴史的性格について」（『熊本大学文学部日本史研究室からの洞察』熊本出版文化会館、一九八八年）
柏木亨介「祭事を支える人々の志向性―重要無形民俗文化財「阿蘇の農耕祭事」をめぐって」（由谷裕哉編著『郷土再考』角川学芸出版、二〇一二年）
亀田俊和『南朝の真実　忠臣という幻想』（吉川弘文館、二〇一四年）
川添昭二『今川了俊』（吉川弘文館、一九六四年）
川添昭二『菊池武光』（人物往来社、一九六六年。二〇一三年に戎光祥出版より復刊）
川添昭二「九州における観応政変　足利直冬発給文書の考察を中心として」（竹内理三編『九州史研究』御茶の水書房、一九六八年）
川添昭二「今川了俊の発給文書」（『九州中世史研究』第3輯、文献出版、一九八二年）
川添昭二「後征西将軍宮発給文書考」（『古文書研究』一九号、一九八四年）
川副義敦「肥後国阿蘇社の支配と権限」（『熊本史学』六二・六三号、一九八五年）
工藤敬一『荘園公領制の成立と内乱』（思文閣出版、一九九二年）
工藤敬一『中世の古文書を読み解く』（吉川弘文館、二〇〇〇年）

工藤敬一「平安・鎌倉期の阿蘇文書」（熊本大学・熊本県立美術館編『阿蘇の文化遺産』、二〇〇六年）
崎山勝弘「征西府の肥後国支配―菊池氏と阿蘇氏の関わりをめぐって」（今江廣道編『中世の史料と制度』所収、続群書類従完成会、二〇〇五年）
佐藤征子『神々と祭の姿―阿蘇神社と国造神社を中心に』（一の宮町、一九九九年）
杉本尚雄『中世の神社と社領―阿蘇社の研究―』（吉川弘文館、一九五九年）
杉本尚雄「阿蘇社」（『熊本史学』三八号、一九七一年）
杉本尚雄『菊池氏三代』（吉川弘文館、一九五九年）
関　周一「中世の国際交流から生まれた子どもたち」（『歴史評論』八一五号、二〇一八年）
関　幸彦『ミカドの国の歴史学』（新人物往来社、一九九四年）
瀬野精一郎「九州地方における南北朝時代の文書の数量的分析」（『日本歴史』三一三号、一九七四年）
瀬野精一郎『足利直冬』（吉川弘文館、二〇〇六年）
鶴嶋俊彦「『哀衆』考」（『ひとよし歴史研究』第五号、二〇〇一年）
新名一仁『島津四兄弟の九州統一戦』（星海社、二〇一七年）
春田直紀「歴史学における記憶と記録」（『歴史民俗博物館研究報告』一三四、二〇〇六年）
春田直紀「中世阿蘇社と帳簿史料」（前掲『阿蘇の文化遺産』、二〇〇六年）
春田直紀「建武の新政と南北朝内乱」（『新宇土市史』通史編第二巻、二〇〇七年）
春田直紀「阿蘇山野の空間利用をめぐる時代間比較史―中世・近世・近代」（湯本貴和編『野と原の環境史』文一総合出版、二〇一一年）

吉村豊雄・春田直紀編著『阿蘇カルデラの地域社会と宗教』（清文堂出版、二〇一三年）
熊本大学拠点形成研究「永青文庫資料等の世界的資源化に基づく日本型社会研究報告書」（『シンポジウム　阿蘇カルデラの地域社会と宗教』熊本大学拠点形成研究会、二〇一四年）
堀畑正臣「中世阿蘇文書に見える記録語をめぐって」（前掲『阿蘇カルデラの地域社会と宗教』、二〇一三年）
松原勝也「天文期肥後国情勢と相良・名和・阿蘇三氏盟約」（『九州史学』一四一号、二〇〇五年）
松本　恵「近世阿蘇宮祭祀の歴史的特質」（前掲『阿蘇カルデラの地域社会と宗教』、二〇一三年）
三浦龍昭『征西将軍府の研究』（青史出版、二〇〇九年）
宮縁育夫・春田直紀「阿蘇カルデラの環境と地域史研究」（前掲『阿蘇カルデラの地域社会と宗教』、二〇一三年）
村上豊喜『長陽村史』第三編中世（二〇〇四年）
村上豊喜『清和村史』中世編（二〇〇九年）
村崎真智子『阿蘇神社祭祀の研究』（法政大学出版会、一九九三年）
村崎真智子「中世阿蘇社縁起伝承の展開（上）――『阿蘇大権現根本記』から『阿蘇大明神流記』へ」（『伝承文学研究』五一号、二〇〇二年）
村崎真智子「中世阿蘇社縁起伝承の展開（下）――『阿蘇大権現根本記』から『阿蘇大明神流記』へ」（『伝承文学研究』五二号、二〇〇二年）
森　茂暁『皇子たちの南北朝』（中央公論社、一九八八年）
森　茂暁『南朝全史――大覚寺統から後南朝へ』（講談社、二〇〇五年）
森山恒雄「加藤政権の支配」（『玉名市史』通史編上巻、二〇〇五年）

柳田快明「河尻幸俊の足利直冬との『出会い』をめぐって」（森山恒雄教授退官記念論文集刊行会編『地域史研究と歴史教育』熊本出版文化会館、一九九八年）
柳田快明「足利直冬の九州下向と河尻幸俊」（『乱世を駆けた武士たち』所収、熊本日日新聞社、二〇〇三年）
柳田快明「南北朝期の阿蘇文書について」（前掲『阿蘇の文化遺産』、二〇〇六年）
山口隼正『南北朝期九州守護の研究』（文献出版、一九八九年）
山田貴司「大内義隆の『雲州敗軍』とその影響」（東京大学史料編纂所公開研究会「戦国合戦〈大敗〉の歴史学」報告レジュメ、二〇一七年）
吉井功児「肥後甲斐氏成立についての二、三のアプローチ」（『歴史懇談』十七号、二〇〇三年）
吉村豊雄『藩制下の村と在町』（一の宮町、二〇〇一年）
熊本県教育委員会編『浜の館』（熊本県教育委員会、一九七七年）
熊本県教育委員会編『二本木前遺跡』（熊本県教育委員会、一九九八年）
熊本県教育委員会編『祇園遺跡』（熊本県教育委員会、二〇〇〇年）
熊本県立美術館編『震災と復興のメモリー@熊本』（熊本県立美術館、二〇一七年）
九州山岳霊場遺跡研究会・九州歴史資料館編『肥後の山岳霊場遺跡――池辺寺と阿蘇山を中心に 資料集』（九州山岳霊場遺跡研究会、二〇一八年）

中世の阿蘇社・大宮司関連略年表

年号	西暦	事項
延長五	九二七	『延喜式』神名帳に健磐龍命神社が大神、阿蘇比咩神社・国造神社が小神と記される。
康治二	一一四三	大宮司宇治惟宣が荘園領主（領家）の源雅定に対して年貢の納入記録を提出（大宮司の確実な初見）。
治承四	一一八〇	一月、惟泰、領家源定房から阿蘇・健軍両社の大宮司に補任される。
養和元	一一八一	惟泰、菊池隆直とともに平氏政権に反乱を起こす（鎮西養和内乱）。
建久七	一一九六	惟次、六月に領家源定房、八月に預所北条時政からそれぞれ大宮司に補任される。
正安二	一二〇〇	四月、惟次、大宮司職に還任される。
承久二	一二二〇	九月、惟次、北条義時から大宮司職を安堵される。
元仁二	一二二五	三月、惟次、北条泰時から大宮司職を安堵される。
嘉禄二	一二二六	八月、惟次、惟盛に健軍社の大宮司職を分与する。
安貞二	一二二八	九月、惟義、北条泰時より大宮司職を安堵される。
文暦二	一二三五	八月、惟景、北条泰時より大宮司職を安堵される。
弘安十	一二八七	三月、惟景、惟国に大宮司職を譲る。
正応三	一二九〇	二月、阿蘇社、鎌倉幕府から異国降伏祈祷が命じられる。
元弘三	一三三三	三月、菊池武時・阿蘇惟直らが鎮西探題を攻撃（筑紫合戦）。同月、規矩高政が大宮司館を襲撃し、鞍岡山で合戦。四月、惟時に後醍醐天皇に合力を求める足利尊氏軍勢催促状が届く。十月、阿蘇社による阿蘇郡一円支配と甲佐・健軍・郡浦三社の支配が後醍醐天皇から認められる。
建武二	一三三五	十一月、惟時、箱根竹の下や京都で足利尊氏軍と戦う。
建武三	一三三六	三月、惟直・惟成、多々良浜の戦いで敗れ、肥前国天山で自害。同月、惟時、南朝から薩摩守護に補任される。四月、坂梨孫熊丸が足利尊氏から大宮司に補任される。
建武四	一三三七	五月以前に、惟時、大宮司に復帰する。
暦応四	一三四一	四月、惟時、南朝から国上使に任じられる。八月、恵良惟澄が南郷城に坂梨孫熊丸を攻める。孫熊丸、弟の乙房丸に大宮司と所領を譲与する。
貞和四	一三四八	正月、懐良親王一行宇土津へ上陸し、惟澄これを迎える。御船を経て菊池へ入る。
貞和五	一三四九	九月、足利直冬が河尻幸俊に先導され河尻津上陸する。直冬、阿蘇社に願文を捧げる。
観応元	一三五〇	七月、惟時、室町幕府から公的に大宮司職を認められる。
観応二	一三五一	二月、惟時、丞丸（惟澄の子、惟村）に阿蘇・健軍・甲佐・郡浦の四ヵ社領などや綸旨・令旨など譲与する。

延文四	一三五九	八月、征西府軍、大保原（筑後川）の戦いで少弐氏らを破る。
延文五	一三六一	三月、阿蘇社が焼亡。八月、征西府を大宰府に置く。
延文六	一三六二	二月、惟澄、征西府から社務職と神領を安堵される（大宮司の呼称）。同月、惟澄、将軍義詮から肥後守護に補任される。惟村を「大宮司」と呼ぶ。
貞治三	一三六四	四月、阿蘇社の造営が開始される。七月、惟澄、惟村へ阿蘇・健軍・甲佐・郡浦の四ヵ社領大宮司職などを譲与する。
貞治四	一三六五	三月、惟武、征西府から大宮司職を安堵される。
応安二	一三六九	十二月、惟武、惟村が大宮司重代の文書を抑留していると訴訟を起こす。
応安三	一三七〇	七月、惟村に新探題今川了俊から合力要請がある。
永和三	一三七七	三月、阿蘇乙丞（のちの惟政）、征西府から大宮司職を安堵される。
永徳三	一三八三	阿蘇社が炎上する。
明徳二	一三九一	七月、惟村、今川了俊から大宮司職を安堵される。
応永四	一三九七	三月、惟村、前将軍足利義満から大宮司職などを安堵される。
応永十一	一四〇四	十月、惟村、渋川満頼から肥後国守護に補任される。この年、阿蘇社の造営が開始される。
応永十三	一四〇六	五月、惟郷、父惟村から大宮司職などを譲られる。
応永十九	一四一二	七月、惟郷、渋川道鎮（満頼）から大宮司職を安堵される。
応永二十四	一四一七	五月、惟郷、将軍足利義持から大宮司職を安堵される。
応永三十	一四二三	九月、惟兼（惟武孫）、大宮司職をめぐって惟郷を幕府に訴える。
永享三	一四三一	六月、惟郷、惟忠に大宮司職を譲与する。この年、正月と六月、惟郷、「阿蘇社規式」を定める。
永享五	一四三三	十一月、惟忠、将軍義教から大宮司職を安堵される。
宝徳三	一四五一	惟忠、惟兼の子加賀丞丸（惟歳）を養子に迎え、大宮司家の分裂を解消する。
寛正五	一四六四	六月、惟忠が阿蘇社御田祭に大宮司として初めて参加する。
文明四	一四七二	惟忠、阿蘇社造営のため、阿蘇社領や国内の有力領主に棟別銭を賦課する。
文明十七	一四八五	馬門原（幕の平）合戦で惟忠・惟憲父子（相良為続支援）が惟歳・惟家（菊池重朝支援）に勝利する。惟歳・惟家が没落。
明応七	一四九八	四月、惟憲、矢部の御所を守護する番役を整備する。
文亀三	一五〇三	六月、阿蘇社が焼亡する。七月、経坊より出火する。
永正四	一五〇七	惟長、菊池氏家臣団によって推戴され肥後国守護に就任（菊池武経と改名）する。大宮司職は弟惟豊が継承する。
永正八	一五一一	惟長、人望を失い矢部へ逃亡し、惟豊から大宮司職を奪還。惟豊、鞍岡へを逃げる（永正八年の大乱）。

永正十三	一五一六	惟豊が反撃し、十二月から翌年にかけて大宮司に復位する。惟長は矢部から没落する。以後、惟豊、惟長の子惟前（堅志田城）と対立する。
天文四	一五三五	六月、惟前と相良・名和の三家重臣会談する。
天文八	一五三九	十二月、惟前と相良・名和の「三氏（家）盟約」成立する。
天文十三	一五四四	九月、惟豊、従三位に叙される。
天文十四	一五四五	十月、阿蘇社に後奈良天皇宸筆の般若心経が納められる。
天文十五	一五四六	四月、下野狩実施される。
天文十八	一五四九	八月、惟豊、従二位に叙せらる。
永禄四	一五六一	四月、下野狩実施される。
天正七	一五七九	五月、島津氏の本格的な肥後侵攻が始まる。九月、相良義陽が島津氏に降伏する。
天正九	一五八一	九月、相良義陽が島津氏に降伏する。十二月、阿蘇氏の甲斐宗運が響ヵ原で相良義陽を討ち取る。
天正十一	一五八三	七月ごろから島津氏と和平を結ぼうとするも、不成立。十一月、大宮司惟将が死去し、弟の惟種が跡を継ぐ。
天正十二	一五八四	八月、惟種急死、惟光（三歳）が大宮司職を相続する。
天正十三	一五八五	閏八月、阿蘇氏、島津氏の猛攻の前に降伏する。
天正十四	一五八六	三月、豊臣秀吉の九州入りにより、島津氏が降伏。このころ、惟光は目丸山中に逃避。
天正十五	一五八七	六月、惟光、秀吉から「矢部三百町」を安堵され、阿蘇氏は存続。七月、肥後国衆一揆起こる。
天正十六	一五八八	一月、惟光、前年の肥後国衆一揆の首謀者として疑われる。
文禄二	一五九三	八月、惟光、梅北の乱関与の嫌疑で秀吉から自害させられる（中世阿蘇大宮司の終焉）。

【著者略歴】

柳田快明（やなぎだ・よしあき）

1951年生まれ。熊本大学大学院文学研究科修了。

元熊本市立必由館高等学校教諭。

現在、熊本中世史研究会代表。

おもな著書論文に、「室町幕府権力の北九州支配」（『九州大名の研究』所収、吉川弘文館）、「鎌倉期肥後国野原荘の名体制と小代氏」（『中世熊本の地域権力と社会』所収、高志書院）、『肥後国野原荘八幡宮祭礼史料』（荒尾市）などがある。

戎光祥選書ソレイユ004
中世《ちゅうせい》の阿蘇社《あそしゃ》と阿蘇氏《あそし》——謎多《なぞおお》き大宮司《だいぐうじ》一族《いちぞく》

2019年3月1日初版初刷発行

著　者　柳田快明
発行者　伊藤光祥
発行所　戎光祥出版株式会社
〒102-0083 東京都千代田区麹町1-7 相互半蔵門ビル8F
TEL：03-5275-3361（代表）　FAX：03-5275-3365
https://www.ebisukosyo.co.jp
編集協力　株式会社イズシエ・コーポレーション
印刷・製本　モリモト印刷株式会社
装　丁　堀　立明

ISBN：978-4-86403-312-1